# 같이 먹어도 괜찮나요? 영양제 궁합표!

| 영양제 | 섭취 목적 | 비타민 B군 | 종합 비타민 | 비타민 C | 비타민 D | 마그네슘 | 아연 | 오메가-3 | 유산균 | 밀크시슬 | 빌베리 | 보스웰리아 | 콘드로이틴 | 생강 | 콜라겐 | 맥주효모 | 덱스판테놀 | 마늘 추출물 |
|---|---|---|---|---|---|---|---|---|---|---|---|---|---|---|---|---|---|---|
| **비타민 B군** | 피로 회복 | ▨ | | | | | | | | | | | | | | | | |
| **종합 비타민** | 영양 보충 | | ▨ | | | | | | | | | | | | | | | |
| **비타민 C** | 면역 기능, 항산화 | | 면역 기능 공조함 | ▨ | | | | | | | | | | | | | | |
| **비타민 D** | 면역 기능, 뼈 건강 | | 면역 기능 공조함 | 면역 기능 공조함 | ▨ | | | | | | | | | | | | | |
| **마그네슘** | 스트레스 완화, 근육 이완, 수면 개선 | 피로 회복 공조함 | 피로 회복 공조함 | | | ▨ | | | | | | | | | | | | |
| **아연** | 면역 기능, 피부 트러블 | | | 면역 기능 공조함 | 면역 기능 공조함 | | ▨ | | | | | | | | | | | |
| **오메가-3** | 안구 건조, 혈관 건강 | | | | | | | ▨ | | | | | | | | | | |
| **유산균** | 장 건강, 간 건강, 면역 기능 | | | | | | | | ▨ | | | | | | | | | |
| **밀크시슬** | 간 건강 | | | | | | | | 간 건강 공조함 | ▨ | | | | | | | | |
| **빌베리** | 눈의 피로, 두뇌 기능 | | | | | | | 눈 건강 공조함 | | | ▨ | | | | | | | |
| **보스웰리아** | 관절 건강 | | | | | | | | | | | ▨ | | | | | | |
| **콘드로이틴** | 관절 건강 | | | | | | | | | | | 관절 건강 공조함 | ▨ | | | | | |
| **생강** | 위 기능 강화 | | | | | | | | 위장 건강 공조함 | | | | | ▨ | | | | |
| **콜라겐** | 피부 건강, 관절 건강 | | | 피부 건강 공조함 | | | 피부 건강 공조함 | | | | | | | | ▨ | | | |
| **맥주효모** | 모발 및 손톱 건강 | | | | | | | | | | | | | | | ▨ | | |
| **덱스판테놀** | 모발 건강 | | | | | | | | | | | | | | | 모발 건강 공조함 | ▨ | |
| **마늘 추출물** | 혈관 건강 | | | | | | | 혈관 건강 공조함 | | | | | | | | | | ▨ |

# 같이 먹어도 괜찮나요? 영양제 꿀조합표!

| | 선택목적 | 비타민 B군 | 종합 비타민 | 비타민 C | 비타민 D | 마그네슘 | 아연 | 오메가-3 | 유산균 | 밀크시슬 | 블베리 | 보스 웰리아 | 콘드 로이틴 | 생강 | 콜라겐 | 약용효모 | 덱스판 테놀 | 마늘 추출물 |
|---|---|---|---|---|---|---|---|---|---|---|---|---|---|---|---|---|---|---|
| 비타민 B군 | 피로 회복 | | | 면역 기능 꿀조합 | 면역 기능 꿀조합 | 피로 회복 꿀조합 | | | | | | | | | | | | |
| 종합 비타민 | 영양 보충 | | | 면역 기능 꿀조합 | 면역 기능 꿀조합 | 피로 회복 꿀조합 | | | | | | | | | | | | |
| 비타민 C | 면역 기능, 항산화 | 면역 기능 꿀조합 | 면역 기능 꿀조합 | | 면역 기능 꿀조합 | | 면역 기능 꿀조합 | | | | | | | | | | | |
| 비타민 D | 면역 기능, 뼈 건강 | 면역 기능 꿀조합 | 면역 기능 꿀조합 | 면역 기능 꿀조합 | | | 면역 기능 꿀조합 | | | | | | | | | | | |
| 마그네슘 | 스트레스 완화, 근육이완, 수면 개선 | 피로 회복 꿀조함 | 피로 회복 꿀조합 | | | | | | | | | | | | | | | |
| 아연 | 면역 기능, 피부 트러블 | | | 면역 기능 꿀조합 | 면역 기능 꿀조합 | | | | | | | | | | 피부 건강 꿀조합 | | | |
| 오메가-3 | 안구 건조, 혈관 건강 | | | | | | | | | | 눈 건강 꿀조합 | | | | | | | 혈관 건강 꿀조합 |
| 유산균 | 장 건강, 간 건강, 면역 기능 | | | | | | | | | 간 건강 꿀조합 | | | | 위장 건강 꿀조합 | | | | |
| 밀크시슬 | 간 건강, 피부 건강 | | | | | | | | 간 건강 꿀조합 | | | | | | | | | |
| 블베리 | 눈의 피로, 두뇌 기능 | | | | | | | 눈 건강 꿀조합 | | | | | | | | | | |
| 보스 웰리아 | 관절 건강 | | | | | | | | | | | | 관절 건강 꿀조합 | | 관절 건강 꿀조합 | | | |
| 콘드 로이틴 | 관절 건강 | | | | | | | | | | | 관절 건강 꿀조합 | | | 관절 건강 꿀조합 | | | |
| 생강 | 위 기능 강화 | | | | | | | | 위장 건강 꿀조합 | | | | | | | | | |
| 콜라겐 | 피부 건강, 관절 건강 | | | | | | 피부 건강 꿀조합 | | | | | 관절 건강 꿀조합 | 관절 건강 꿀조합 | | | | | |
| 약용효모 | 모발 및 손톱 건강 | | | | | | | | | | | | | | | | 모발 건강 꿀조합 | |
| 덱스판 테놀 | 모발 건강 | | | | | | | | | | | | | | | 모발 건강 꿀조합 | | |
| 마늘 추출물 | 혈관 건강 | | | | | | | 혈관 건강 꿀조합 | | | | | | | | | | |

당신은 영양제를 잘못 고르고 있습니다

# 당신은 영양제를 잘못 고르고 있습니다.

ISBN 978-89-314-6575-4

독자님의 의견을 받습니다.

이 책을 구입한 독자님은 영진닷컴의 가장 중요한 비평가이자 조언가입니다. 저희 책의 장점과 문제점이 무엇인지, 어떤 책이 출판되기를 바라는지, 책을 더욱 알차게 꾸밀 수 있는 아이디어가 있으면 팩스나 이메일, 또는 우편으로 연락주시기 바랍니다. 의견을 주실 때에는 책 제목 및 독자님의 성함과 연락처(전화번호나 이메일)를 꼭 남겨 주시기 바랍니다. 독자님의 의견에 대해 바로 답변을 드리고, 또 독자님의 의견을 다음 책에 충분히 반영하도록 늘 노력하겠습니다.

이메일 | book2@youngjin.com

주소 | (우)08507 서울특별시 금천구 가산디지털1로 128 STX-V타워 4층 401호 (주)영진닷컴 기획2팀

https://www.youngjin.com/

파본이나 인쇄가 잘못된 도서는 구입하신 곳에서 교환해 드립니다.

## STAFF

**저자** 장무현 | **총괄** 이혜영 | **기획** 정나연 | **표지 · 내지 디자인** 강민정 | **내지 편집** 이다솜
**영업** 박준용, 임용수, 김도현 | **마케팅** 이승희, 김근주, 조민영, 김민지, 채승희, 임해나, 이다은
**제작** 황장협 | **인쇄** 제이엠

약사가 선택한
진짜 영양제 조합

# 당신은 영양제를 잘못 고르고 있습니다

장무현 지음

YoungJin.com Y.
영진닷컴

## 여러분은 영양제를
## 잘못된 방법으로 고르고 있습니다.

"요새 허리가 쑤시는데 TV에서 A씨가 광고하는 관절 영양제 있나요?"
"어떤 유튜버가 이 성분을 섭취하고 여드름이 싹 사라졌다는데요."

약국이나 SNS를 통해 상담을 하다 보면 흔히 듣게 되는 이야기입니다. 특히 약국에 영양제를 구매하러 오는 분의 상당수는 TV나 온라인 광고를 통해 얻은 정보를 바탕으로 제품을 선택합니다. 공격적인 광고는 하나의 유행을 만들어냅니다. 마치 지금까지 없었던 어떤 획기적인 성분, 또는 영양소의 배합이 우리의 건강 고민을 말끔히 해결할 것처럼 보입니다. 하지만 영양제의 실제 효과는 제품의 유명세와는 별로 관련이 없습니다. 갑자기 유행처럼 유명해지는 영양 성분의 대부분은 제대로 검증되지 않은 것들입니다.

해외 직구 영양제에는 또 다른 문제가 있습니다. 대부분의 직구가 이루어지는 미국의 경우 영양제(Dietary Supplements)의 품질과 그 효과를 FDA에서 보장하지 않습니다. 식품의약품안전처에서 건강기능식품의 품질과 효능을 제도적으로 보장하는 우리나라와는 상반된 모습입니다. 많은 소비자가 아이허브 등의 직구 사이트를 통해 쉽게 영양제를 선택하고 구매하지만, 실제로 그 품질에 관한 검사 데이터를 살펴보면 라벨에 기재된 것과 다른 함량을 내포하거나, 검출되면 안 될 불순물이 검출되는 경우가 수도 없이 많습니다.

하지만 너무 걱정하지 않아도 괜찮습니다. 바쁜 일상 속에서 건강을 관리하고자 하는 분들을 위해 이 책을 집필했습니다. 자신에게 필요한 성분이 무엇인지, 어떤 제품을 골라야 하는지 몇 분만 살펴봐도 쉽게 파악할 수 있도록 구성했습니다.

우리의 돈과 시간은 무한하지 않습니다. 잘못된 방법으로 영양제를 선택하는 일은 그 영양제를 구매한 비용뿐 아니라, 그 영양제를 섭취하는 시간까지 허무하게 낭비하는 꼴입니다. 더 이상 누군가의 입소문과 TV 광고, 포털 사이트의 리뷰에 의존해 영양제를 구매하지 마세요. 여러분께서 가장 좋은 효과를 체감할 수 있는, 뛰어난 근거와 품질을 만족하는 성분을 이 책에 깔끔하게 정리해 보았습니다.

저자 정무현

## 차례

Part 03 **가장 많이 하는 질문 Best 10**

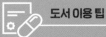 **도서 이용 팁**

- 도서에서 언급하는 해외 직구 제품의 품질 관련된 내용은 모두 미국의 영양제(Dietary Supplements)를 기준으로 작성되었습니다. 영양제의 품질 관리 기준은 국가마다 상이할 수 있습니다.

- 도서에서 서술하는 내용은 특정 질병의 치료나 진단에 이용될 수 없습니다. 질병이 의심되는 증상이 나타나면 즉시 가까운 의원에 방문하여 적절한 진단을 통해 치료를 받기 바랍니다.

PART
01

## 당신을 위한
## 최고의
## 영양제 조합

# 영양제, 먹어도 효과를 잘 모르겠다면?

바쁜 일상 속에 자신의 건강을 지키는 일은 쉽지 않습니다. 현대인이라면 누구나, 지속되는 피로감에 나날이 저하되는 컨디션 속에서 좋은 성과를 거둘 수 있을지 근심이 이만저만이 아닐 것입니다. 상황을 개선하고자 영양제를 애써 찾아보지만, 너무 다양한 영양제들이 시중에 판매되고 있고, 어떤 제품이 좋을지 판단하기가 너무 어렵습니다.

영양제를 선택하는 가장 좋은 기준은 바로 과학적인 근거입니다. 대부분의 성분은 한 건의 소규모의 임상 데이터만을 가지고 검증된 것처럼 판매되고 있고, 심지어 아무런 임상 데이터도 없이 몇가지 동물 실험 결과만으로 효과를 광고하는 경우도 있습니다. 이런 데이터는 좋은 근거라고 보기 어려우며, 당시에 나타났던 연구 결과, 즉 그 영양제의 기능이 실제로 나타나지 않는 경우가 더 많습니다.

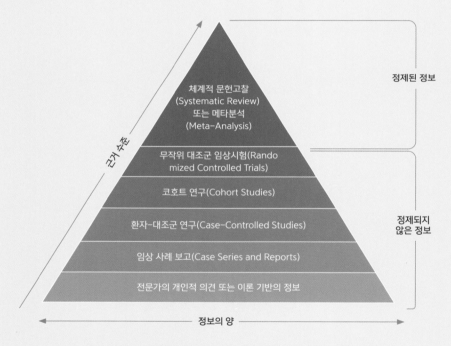

각 자료의 근거 수준을 나타내는 모식도. 온라인상에서 가장 쉽게 접할 수 있는
'전문가의 개인적 의견'이나 '이론 기반의 정보'는 실제로는 가장 낮은 수준의 근거로 간주합니다.
('전문가의 개인적 의견'이란 임상적 근거를 바탕으로 하지 않은 의견을 의미합니다.)

우리가 찾아서 섭취해야 할 영양제는 철저한 반복 연구를 통해 검증된 제품입니다. 여러 연구에서 일관적으로 효과를 나타냈던 성분일수록, 실제로 우리가 섭취했을 때 그 효과가 그대로 나타날 가능성이 높아집니다. 하지만 어떤 성분이 얼마나 검증이 되었는지는 일반적인 소비자가 판단하는 것이 사실상 불가능합니다. 실제로 검증이 얼마나 잘 되었는가 와는 무관하게, 그저 광고가 잘 된 제품이 인기를 끌어 많은 사람이 섭취하는 것이 현실입니다.

Part01은 가장 근거가 잘 갖춰진 성분을 우선으로 하여, 직장인에게 흔히 나타나는 건강 문제에 도움이 될 수 있는 영양제 조합을 소개하고 있습니다. 효능별로 조합할 수 있는 성분을 두 가지에서 많게는 세 가지 이상 선정했습니다. 한 가지 성분만 먼저 시도하는 것도 좋지만 조합하여 함께 섭취할 때 더 나은 효과를 기대할 수 있습니다. 성분별로 어떤 방식으로 섭취해야 하는지, 주의해야 할 점에는 어떤 것이 있는지 확인하세요.

아마 알고 있던 상식과는 다른 내용도 많을 것 같습니다. 더 이상 과대 광고나 신뢰할 수 없는 입소문에 의존해서 영양제를 고르지 마세요. 본인에게 가장 적합한 성분이 어떤 것인지 Part01을 통해 직접 확인하고, 적절한 제품을 구매하시기 바랍니다.

"과학적인 근거가 잘 갖춰진 성분을 먼저 섭취할 때 가장 좋은 효과를 누릴 수 있습니다."

아침마다 연차쓸까 고민 그만!
# 피로 회복을 위한 최고의 조합

김과로(29) / 카페인 중독자
"간신히 출근은 했는데 너무 피곤해요.
뭘 챙겨야 좋을지 몰라서 매일 커피만 마시며 버팁니다."

장담컨대 현대인이 영양제를 복용하는 가장 큰 이유는 바로 '피로 회복'일 것입니다. 스트레스, 야근, 수면 부족, 부실한 식단, 회식, 나를 화나게 하는 상사 등, 직장 생활의 모든 요소가 우리를 끊임없이 피곤하고 지치게 합니다. 그런데 영양제를 알아보면 종류가 너무 다양하고, 추천하는 제품도 사람마다 제각각입니다. 영양제를 알아보는 시간조차 우리를 더 피곤하게 만들기 마련입니다. 과연 지친 우리를 위해 어떤 영양제를 가장 먼저 선택해야 할까요?

최고의 피로 회복 조합, 약사의 선택은?
### 비타민제(비타민 B군 또는 종합비타민제) + 마그네슘

피로 회복을 위한 최고의 영양제 조합은, 비타민제와 마그네슘입니다. 한 가지 영양제만 먼저 시도하기를 원하신다면 비타민제를 먼저 선택하시고, 여건에 따라 마그네슘을 추가해주세요.

## 왜 피로 회복에 비타민제가 필요할까요?

피로 회복에는 비타민제 섭취가 1순위입니다. 비타민은 우리 몸의 에너지 생성에 필수적인 성분으로, 균형잡힌 식사를 하기 어려운 직장인에게 비타민의 필요성은 의심의 여지가 없습니다. 특히 고함량의 비타민 B군은 스트레스 완화에도 직접적으로 도움이 되어 직장인에게는 반드시 첫 번째로 권하는 영양제입니다. 식습관에 따라 비타민 B군이나 종합비타민 중에 선택해 섭취하기 바랍니다.

● 효과 좋은 비타민 B군 제품을 잘 고르는 방법은 70p를 참고하세요.
● 효과 좋은 종합비타민 제품을 잘 고르는 방법은 76p를 참고하세요.


## 왜 피로 회복에 마그네슘이 필요할까요?

스트레스와 긴장 완화에는 마그네슘이 1순위입니다. 마그네슘은 스트레스를 해소하고 경직된 근육을 이완하는데 가장 효과적이면서도 안전한 영양소입니다. 온종일 앉은 자세로 근무하며 스트레스를 받는 대부분의 직장인에게, 마그네슘은 어떤 성분들보다도 훌륭한 컨디션 개선 효과를 나타낼 수 있습니다. 특히 필수 영양소로서 전반적인 신체 기능에도 관여하므로 가장 먼저 선택해야 할 영양제 중 하나입니다.

● 효과 좋은 마그네슘 제품을 잘 고르는 방법은 89p를 참고하세요.

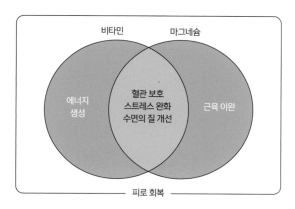

피로 회복 영양제 조합에는 어떤 효과가 있을까?

## 비타민제는 아침 식사 또는 점심 식사 후 섭취하세요.

최근에 출시된 비타민제는 대부분 1일 1회, 1정씩 섭취하도록 디자인되어 있습니다. 하루 중 언제 섭취해도 상관이 없으나, 저녁에 섭취할 경우 드물게 수면에 방해가 될 수 있어 아침이나 점심에 섭취하길 권해드립니다. 1일 2회 섭취하도록 나온 제품은 아침-저녁 식후에, 아침 식사를 하지 않는 경우 점심-저녁 식후에 섭취하시길 바랍니다. 비타민제에 포함된 몇몇 성분은 빈속에는 흡수가 제대로 되지 않아, 식후에 섭취하는 편이 유리합니다.

## 마그네슘은 부작용 여부를 관찰하고 하루 중 편한 시간에 섭취하세요.

마그네슘은 하루 중 아무 때나 편한 시간에 섭취하셔도 상관이 없습니다만, 수면이 원활하지 않은 분께는 저녁 식후, 또는 취침 1시간 전에 섭취하시기를 권해드립니다. 마그네슘은 빈속에 섭취할 때 흡수가 잘되지만, 이 경우 설사나 더부룩함 등의 위장 장애도 더 쉽게 나타납니다. 따라서 빈속에 섭취 시 부작용이 없다면 계속 빈속에 섭취하고, 부작용이 느껴진다면 충분한 식사 후에 섭취하기 바랍니다. 복용량은 1일 200~400mg가 적당합니다.

섭취 예시 : 아침 식후에 비타민과 마그네슘 섭취!

## 조심하세요! 섭취 시 주의사항

### 비타민제는 속쓰림이 빈번한 편입니다.

① 고함량의 비타민제는 쉽게 위장 장애를 일으킵니다. 비타민제 복용 후 속쓰림이나 울렁거림 등의 증상이 나타나면 더 낮은 용량의 비타민제를 선택하세요.

① 비타민제에 미네랄이 함유된 경우 일부 항생제와 상호작용이 있을 수 있습니다. 항생제를 복용 중이라면 의사 혹은 약사님께 상호작용에 대해 문의하세요.

### 마그네슘은 의약품과의 상호작용이 생각보다 많은 성분입니다.

① 일부 항생제와 함께 섭취할 경우 항생제의 약효가 저하될 수 있어, 항생제를 복용 중이라면 의사 혹은 약사님께 섭취 가능 여부를 문의하세요.

① 골다공증 치료제와 함께 섭취할 경우 치료제의 약효가 저하될 수 있습니다. 골다공증 치료제를 복용 중이라면 1시간 이상 간격을 두고 섭취하세요.

① 마그네슘에는 혈압 저하와 근육 이완 효과가 있어, 관련된 효과의 의약품을 복용 중이라면 신중하게 섭취를 결정해야 합니다.

위장 장애는 비타민제와 마그네슘의 가장 흔한 부작용입니다.

## 조합에 추가하면 좋은 영양제가 있나요?

　피로 회복을 위해 아슈와간다를 추가해도 효과적입니다. 직장인의 피로감은 대부분 스트레스가 원인이라고 해도 과언이 아닙니다. 아슈와간다는 인도의 전통 의학에서 유래한 성분으로, 스트레스의 개선 효과가 가장 잘 입증되어 있는 영양제입니다. 최근에는 수면의 질을 향상하는 효과가 연구를 통해 드러나기도 했습니다. 스트레스에 취약한 분께 아슈와간다는 아주 훌륭한 선택이 될 수 있습니다. 아슈와간다 영양제를 구매하고자 한다면 현재 아슈와간다는 우리나라에서는 정식으로 판매되는 제품이 없어, 해외 직구를 통해 구매해야 합니다. 주요 활성 성분인 위타놀라이드(Withanolide)의 함량이 1일 10~30mg인 제품이 적당하며, 일부 제품은 임상 시험에서 사용된 원료(KSM-66® 또는 Sensoril®)를 공급해 더 나은 품질을 기대할 수 있습니다. 다만 라벨에 기재된 함량이 지켜지지 않는 제품이 많기 때문에, 반드시 ConsumerLab을 통해 제품의 품질을 확인하고 구매하는 것이 중요합니다.(품질 확인 방법은 68p를 참고하세요.)

> **➕ 필요에 따라 추가하세요**
>
> 비타민제와 마그네슘은 상호작용이 거의 없어, 겪고 계신 불편함에 필요한 영양제를 자유롭게 추가하셔도 괜찮습니다.
>
> • 피곤한데 눈까지 건조할 경우 : 비타민제 + 마그네슘 + 오메가 3
> • 피곤하고 수면의 질이 떨어지는 경우 : 비타민제 + 마그네슘 + 라벤더

## 함께 섭취하면 안 되는 영양제가 있나요?

　비타민제가 함유하는 미네랄의 상호작용을 주의해야 합니다. 너무 높은 용량의 칼슘이나 철분을 함께 섭취하면, 마그네슘과 칼륨이 경쟁적으로 서로의 흡수를 저해하는 경우가 있습니다. 때문에 한 번에 섭취할 때 칼슘, 철분, 마그네슘, 아연의 총합이 800mg을 넘기지 않도록 유의하는 것이 좋습니다.

피로 회복 영양제에 관한 더 자세한 내용과 추천 영양제가 궁금하다면?
QR코드를 통해 유튜브 동영상을 확인하세요!

# 잦은 야근과 술자리, 힘드시죠?
# 간 건강을 위한 최고의 조합

최영업(30) / 프로 참석러

"조금만 마셔도 힘드네요.
간 건강이 예전 같지 않아요."

최근 회식이 많이 줄어들었지만, 사회 생활을 위해 어쩔 수 없이 참석해야 하는 불편한 술자리도 있지요.
술은 우리 몸에 탈수와 산화 스트레스를 유발하여 두통, 어지러움 등의 숙취 증상을 일으키고 간과 두뇌
등 조직의 손상까지 유발합니다. 동시에 비타민 등 여러 영양소를 고갈시켜 영양 결핍의 위험 역시 초래
합니다. 술에 찌든 간을 보호할 수 있는 영양제에는 무엇이 있을까요?

### 최고의 간 건강 조합, 약사의 선택은?
## 밀크시슬 + 유산균

간 건강을 위한 최고의 영양제 조합으로, 밀크시슬과 유산균을 선정하였습니
다. 한 가지 영양제만 먼저 시도하기를 원하신다면 밀크시슬을 먼저 선택하시
고, 여건에 따라 유산균을 추가해주세요.

## 왜 간 건강에 밀크시슬이 필요할까요?

밀크시슬이 함유하고 있는 실리마린과 같은 플라보노이드 성분은 우리의 간과 혈관을 효과적으로 보호하고, 간 효소의 생성을 촉진해 간 기능에 도움을 줄 수 있습니다. 그러므로 밀크시슬을 통해 간을 보호하고 컨디션을 관리할 수 있다는 말은 사실입니다. 이미 손상된 간 조직에 대한 치료 효과는 논란의 여지가 있긴 합니다만, 밀크시슬의 강력한 항산화, 항염증 작용은 이미 많은 연구로부터 입증이 되어있습니다. 음주로 인해 나타나는 숙취와 컨디션 저하의 상당 부분이 알코올의 산화스트레스로부터 나타나는 만큼, 밀크시슬 섭취가 우리의 음주 후 체력 관리에 도움을 준다는 사실은 틀림없습니다.

● 효과 좋은 밀크시슬 제품을 잘 고르는 방법은 105p를 참고하세요.

## 왜 간 건강에 유산균이 필요할까요?

'유산균이 여기에 왜 나와?'라고 생각하는 분이 많을 것 같습니다만, 유산균으로 알코올로 손상되는 장내 세균과 간을 동시에 케어할 수 있습니다. 현재 다양한 연구를 통해 장내 세균이 간의 건강에 밀접한 연관(Gut-Liver Axis)을 가지고 있는 것으로 드러나고 있습니다. 잦은 음주로 인해 파괴된 장내 세균은 내독소를 발생시켜 간에 손상을 입히며, 유산균은 이렇게 손상되는 간과 장에 동시에 도움을 줄 수 있는 가장 안전하고 효과적인 성분입니다. 다른 특별한 간 영양제를 찾기보다는 유산균을 섭취하는 것이 간과 장, 그리고 전반적인 건강에 좋은 선택이 될 수 있습니다.

● 효과 좋은 유산균 제품을 잘 고르는 방법은 100p를 참고하세요.

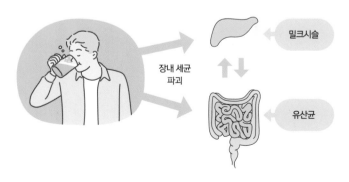

음주로 인한 간과 장의 손상에는 밀크시슬과 유산균 조합이 가장 효과적입니다.

### 밀크시슬은 하루 중 편한 시간에 섭취하세요.

밀크시슬 제품은 일반적으로 한 알에 약 200~350mg의 밀크시슬 추출물을 함유하고 있습니다. 이 경우 하루에 한 번, 한 알씩 섭취하면 되며, 용량이 다른 경우에는 제품의 라벨에 표기된 방법대로 섭취하세요. 밀크시슬은 일반적으로 식사와 상관없이 가장 편한 시간에 섭취하여도 괜찮습니다.

### 유산균은 아침 또는 낮에 가급적이면 빈속에 섭취하세요.

유산균은 빈속에 섭취하는 것이 가장 효과적인 것으로 알려져 있습니다. 아침에 일어나자마자 섭취하는 방법도 좋고, 또는 하루 중 편한 시간에 식사와 최소 두 시간 이상 간격을 두고 섭취하세요. 최근에 제조되는 유산균은 대부분 위산으로부터 쉽게 파괴되지 않기 때문에, 꾸준히만 복용한다면 식전이든 식후든 좋은 효과를 기대할 수 있습니다.

섭취 예시 : 아침 공복에 유산균 섭취 후 아침 식후에 비타민과 함께 밀크시슬 섭취!

## 밀크시슬은 혈당과 호르몬의 변화에 주의하세요.

⚠ 밀크시슬은 부작용 사례가 흔치 않습니다. 다만 일부에게서 설사, 구역감 등의 위장 장애와 식욕 저하, 두통 등의 부작용을 나타낸 바 있습니다.

⚠ 밀크시슬은 여성호르몬인 에스트로겐과 유사한 작용을 하는 것으로 알려져, 에스트로겐으로 인해 악화될 수 있는 유방암, 난소암 등의 호르몬에 민감한 질환을 겪고 계신 분께서는 복용을 피하는 편이 좋습니다.

⚠ 밀크시슬에는 혈당을 낮추는 작용이 있는 것으로 알려져 특정 당뇨약과 같이 저혈당의 위험이 있는 의약품을 복용 중에는 신중하게 혈당을 관찰하는 편이 좋습니다.

## 유산균은 가장 안전한 영양제 중 하나입니다.

⚠ 유산균은 상당히 안전한 성분으로, 일부 사람에게서 위장 장애가 보고되었으나 흔히 나타나는 부작용은 아닙니다.

⚠ 드물게 면역력이 저하된 사람, 또는 입원 중인 사람에게서 유산균을 통한 감염 사례가 발생한 바 있습니다. 대부분은 카테터 등의 주사 바늘을 통해서 균이 유입된 경우로, 유산균 취급 시 위생에 주의해주세요.

밀크시슬은 일부 의약품과 상호작용이 있을 수 있습니다. 섭취 전에 약사님과 상담하세요.

## 조합에 추가하면 좋은 영양제가 있나요?

간 건강 조합에는 비타민제를 추가하면 좋습니다. 잦은 음주는 영양소를 쉽게 고갈시키기 때문입니다. 비타민 B군 결핍의 상당수도 만성적인 알코올 섭취로부터 나타나고 있습니다. 평소에 술을 자주 드시면서 충분한 양의 과일과 채소로 영양소를 공급하지 못하는 분이라면, 음주로 인한 영양소 결핍을 막기 위해 반드시 비타민제를 섭취하는 편이 좋습니다. 여기에서 말하는 비타민제란 비타민 B군이나 종합비타민제를 의미합니다. 이미 복용 중이던 제품이 있다면 그것을 그대로 복용하면 되고, 만약 가지고 있는 비타민제가 없다면 약국에서 구매하세요. 1회 복용, 또는 일주일 복용분 단위로 제공하는 제품이 있습니다.

● 효과 좋은 비타민 B군 제품을 잘 고르는 방법은 70p를 참고하세요.
● 효과 좋은 종합비타민 제품을 잘 고르는 방법은 76p를 참고하세요.

## 함께 섭취하면 안 되는 영양제가 있나요?

다른 영양제도 자유롭게 복용 가능합니다. 밀크시슬과 유산균은 상호작용이 나타날 가능성이 적기 때문에, 함께 섭취하면 안 되는 영양제는 알려져 있지 않습니다.

---

### 🖐 약사의 TIP

**숙취를 줄이는 최고의 명약 '1-For-1 Rule'**

누구나 음주 다음 날 깨질 듯한 두통과 울렁거림에 숙취해소제를 찾은 경험이 있을 것입니다. 가장 저렴하면서도 건강에 좋고, 또 숙취 완화 효과가 탁월한 것이 있습니다. 바로 물입니다. 과거에는 숙취의 주범으로서 아세트알데히드가 주로 연구되었으나, 최근에는 숙취가 복합적인 원인으로 발생하며, 수분 배출로 인한 탈수가 큰 원인이라는 주장이 지배적입니다. '1-For-1 Rule'은 술을 한 잔 마실 때마다 물을 한 컵 마시는 것을 의미합니다. 이렇게 간단한 수분 섭취 습관으로, 탈수를 막고 음주 속도를 늦춰 숙취를 크게 경감할 수 있습니다. 술 한 잔마다 물 한 컵씩, 어렵지 않죠?

간 건강 영양제에 관한 더 자세한 내용과 추천 영양제가 궁금하다면?
QR코드를 통해 유튜브 동영상을 확인하세요!

# 반복되는 잔병치레, 쉽게 떨어지지 않는 감기!
# 면역력을 위한 최고의 조합

도감기(35) / 2주째 감기 앓는 중

"올해 유난히 감기에 자주 걸리네요.
예전처럼 쉽게 낫지도 않구요."

충분한 휴식을 취하지 못하고 양질의 영양소를 섭취하기 어려운 많은 현대인들이 감기나 몸살, 비염 같은 잔병치레가 반복되어 고생하는 모습을 볼 수 있습니다. 특히 전 세계적인 판데믹으로 면역력의 중요성이 날이 갈수록 높아지는 반면, 바쁜 일상 속에서 적절한 면역 기능을 유지하는 것은 도무지 쉬운 일이 아닙니다. 면역력을 보강하기 위해 가장 먼저 섭취해야 할 영양제에는 어떤 것이 있을까요?

### 최고의 면역력 조합, 약사의 선택은?
## 비타민 C + 비타민 D + 아연

면역력을 위한 최고의 영양제 조합으로, 비타민 C와 비타민 D, 그리고 아연을 선정하였습니다. 세 가지 모두 적절한 면역 기능을 위해 반드시 필요한 영양소로, 본인에게 결핍 우려가 큰 성분을 우선적으로 챙기세요.

## 왜 면역력에 비타민 C가 필요할까요?

비타민 C는 면역 기능 개선에 가장 기본이 되는 성분입니다. 비타민 C는 강력한 항산화 작용과 더불어 면역 세포의 작용을 촉진하는 역할로 우리 몸의 정상적인 면역 기능에 가장 직접적인 도움을 주는 영양소 중 하나입니다. 비타민 C는 면역 기능뿐 아니라 전반적인 혈관과 조직을 보호할 수 있어, 비타민 C가 풍부한 음식을 평소에 섭취하지 못하는 경우 영양제로 반드시 보충하기를 권해드립니다.

● 효과 좋은 비타민 C 제품을 잘 고르는 방법은 82p를 참고하세요.

## 왜 면역력에 비타민 D가 필요할까요?

비타민 D는 주로 칼슘 대사에 도움을 주는 것으로 유명한 성분이나, 정상적인 면역 기능을 유지하는 데에도 필수적인 성분입니다. 비타민 D의 수치를 적정하게 유지하지 못하는 경우, 면역 기능의 항상성이 저하되어 만성적인 감염이나 자가면역 질환의 발병률이 올라가는 것으로 나타나기도 했습니다. 특히 야외 활동이 저조한 직장인의 경우 비타민 D가 결핍될 가능성이 더욱 높아 특히 주의를 기울이는 편이 좋습니다. 적절한 비타민 D 섭취는 면역 기능의 유지에 필수적이라는 것을 기억하세요.

● 효과 좋은 비타민 D 제품을 잘 고르는 방법은 86p를 참고하세요.

## 왜 면역력에 아연이 필요할까요?

아연은 그 자체로도 세균과 바이러스를 억제하는 효과를 나타내면서, 동시에 우리 몸의 면역 기능을 활성화하는 데에도 중요한 역할을 하는 영양소입니다. 아연은 직·간접적인 기전으로 우리 몸을 효과적으로 보호합니다. 적절한 아연의 섭취는 감기의 유병 기간을 단축시키고 증상을 완화할 수 있는 것으로 나타나기도 했습니다. 특히 운동이나 업무 환경으로 인해 평소에 땀을 많이 흘리는 분은 아연의 결핍이 훨씬 쉽게 나타나므로, 더욱 신경써서 아연을 섭취해야 합니다.

● 효과 좋은 아연 제품을 잘 고르는 방법은 93p를 참고하세요.

### 비타민 C는 위장 장애 예방을 위해 식사 후에 섭취하세요.

비타민 C는 빈속에 섭취해도 흡수가 잘되는 성분이지만, 속쓰림과 같은 증상을 유발할 수 있으므로 식사 후에 섭취하기를 권해드립니다. 적정 용량은 1일 500~1,000mg이며, 500mg 제품의 경우 1일 2회, 아침과 저녁 식후에, 1,000mg 제품의 경우 하루 중 편한 시간에 식사 후 복용하기 바랍니다.

### 비타민 D는 흡수를 위해 기름진 식사 후에 섭취하세요.

비타민 D는 지방성분과 함께 섭취해야 흡수가 제대로 되므로, 반드시 지방이 포함된 식사 직후에 1일 1회 섭취하기 바랍니다. 비타민 D의 수치가 너무 높아져도 부작용을 일으킬 수 있습니다. 따라서 비타민 D의 섭취가 처음이거나 오랜만에 섭취하는 경우 1일 1회, 3,000~5,000IU의 용량으로 섭취하고, 3개월에서 6개월 뒤에 1일 1,000~2,000IU의 용량으로 낮춰서 섭취하기를 권해드립니다.

### 아연은 하루 중 편한 시간에 섭취하세요.

아연은 식사 여부와 관계없이 1일 1회, 하루에 10~30mg 섭취를 권장하며, 아연 섭취 후 속쓰림과 같은 부작용이 나타날 때는 식사 직후에 섭취하세요.

섭취 예시 : 아침 식후에 비타민 C, 비타민 D, 아연을 섭취하고 저녁 식후에 비타민 C를 한 번 더 섭취!

## 조심하세요! 섭취 시 주의사항

### 고함량의 비타민 C를 섭취할 경우 수분 보충에 신경써주세요.

① 비타민 C는 안전한 성분이지만, 간혹 속쓰림, 설사 등의 소화기관 부작용을 일으킬 수 있습니다. 이 경우 식사 직후에 섭취함으로써 부작용을 완화할 수 있습니다.

① 비타민 C를 장기간 섭취하는 경우 신장결석의 발병률이 상승하는 것으로 나타나며, 이런 경향은 특히 남성에게서 더 두드러지게 나타납니다. 따라서 비타민 C를 섭취할 때는 수분을 충분히 섭취하기를 권해드립니다.

① 비타민 C는 와파린과 같은 항응고제의 효과를 떨어뜨릴 수 있으므로, 관련된 의약품을 복용 중이라면 주의 깊게 약효를 관찰해야 합니다.

### 비타민 D는 적당량만 섭취하는 것이 중요합니다.

① 비타민 D는 안전한 성분이지만, 과량으로 섭취할 경우 혈중 칼슘 수치가 너무 높아질 우려가 있어 특히 신장 기능이 저하된 사람은 주의해야 합니다. 신장이 약한 분은 의사와 상의하여 섭취하세요.

① 혈중 비타민 D의 수치가 높으면 오히려 골절 위험이 증가하는 등 부작용을 나타낼 수 있습니다. 고용량의 비타민 D를 너무 장기간 섭취하지 않도록 주의하세요.

### 아연 섭취는 1일 30mg까지가 적당합니다.

① 아연은 미네랄 중에서 비교적 부작용이 쉽게 나타나는 성분입니다. 고용량의 아연을 장기간 섭취할 경우 속쓰림, 울렁거림 같은 위장 장애부터 구리 결핍과 체내 효소 기능의 저하까지 유발할 수 있습니다.

① 1일 50mg 이상의 아연을 섭취할 경우 최대 2주까지만 섭취하기 바랍니다. 아연 결핍을 막으려면 1일 10mg 수준으로 섭취하되, 아연의 효과를 빠르게 경험하려면 1일 최대 30mg을 섭취하는 것도 괜찮습니다.

## 조합에 추가하면 좋은 영양제가 있나요?

종합비타민을 추가해 면역 기능을 개선할 수 있습니다. 면역 기능에는 앞서 소개해 드린 세 가지 성분 외에도 비타민 A, 비타민 E, 비타민 B군 등 다양한 영양소가 관여하고 있습니다. 이들은 결핍이 일어나는 경우가 상대적으로 드물지만, 식습관이 좋지 않은 분이라면 영양소의 결핍을 해소함으로써 면역 기능의 개선 효과를 볼 수 있습니다. 이런 영양소는 종합비타민만으로 쉽게 섭취할 수 있습니다.

● 효과 좋은 종합비타민 제품을 잘 고르는 방법은 76p를 참고하세요.

## 함께 섭취하면 안 되는 영양제가 있나요?

너무 높은 용량의 칼슘이나 철분을 함께 섭취하면 아연과 경쟁적으로 흡수를 저해하는 경우가 있어, 일부 상호작용과 과다 복용에 주의해야 합니다. 칼슘, 철분, 마그네슘, 아연을 한 번에 섭취할 때 용량의 총합이 800mg을 넘기지 않는 것이 좋습니다.

비타민 C, 비타민 D, 아연은 다른 종합비타민이나 비타민 B군 제품에도 흔히 함유되어 있습니다. 섭취 중인 다른 영양제에 얼마만큼의 용량이 포함되었는지 확인하여, 1일 총섭취량이 권장량을 초과하지 않도록 주의하세요.

면역력 영양제에 관한 더 자세한 내용과 추천 영양제가 궁금하다면?
QR코드를 통해 유튜브 동영상을 확인하세요!

## 온종일 모니터만 보는 당신에게 필요한!
# 눈 건강을 위한 최고의 조합

장건조(27) / 인공눈물 매니아
"눈이 너무 피곤하고 항상 침침해요.
모니터는 계속 보면서 일해야 하는데 미치겠어요."

이제는 업무 환경뿐 아니라 일상에서도 스마트폰이나 모니터 화면을 바라보는 시간이 길어지면서, 직장인이라면 누구나 눈이 쉽게 건조하고 피로해지는 증상을 겪었을 것입니다. 눈이 불편하면 업무 효율이 급격히 저하될 뿐 아니라 통증이나 뻑뻑함으로 전반적인 삶의 질에도 큰 영향을 주게 됩니다. 지치는 눈에 도움이 되는 영양제에는 어떤 것이 있을까요?

### 최고의 눈 건강 조합, 약사의 선택은?
## 빌베리 + 오메가-3

눈 건강을 위한 최고의 영양제 조합으로, 빌베리와 오메가-3를 선정하였습니다. 눈의 피로감 완화가 목적이라면 빌베리를, 눈의 건조함이 심하다면 오메가-3를 먼저 시도하기 바랍니다.

## 왜 눈 건강에 빌베리가 필요할까요?

빌베리는 안토시아닌을 비롯한 다양한 종류의 플라보노이드를 풍부하게 함유한 열매입니다. 빌베리는 강력한 항산화와 항염증 작용으로 눈을 보호하고, 모양체근의 이완 효과로 눈의 피로에 도움을 주는 것으로 알려져 있으며, 이러한 빌베리의 눈의 피로 개선 효과는 높은 수준의 임상 근거를 통해 입증되었기 때문에 눈의 피로 개선에는 빌베리가 최선의 선택이라고 할 수 있습니다.

● 효과 좋은 빌베리 제품을 잘 고르는 방법은 109p를 참고하세요.

## 왜 눈 건강에 오메가-3가 필요할까요?

오메가-3는 현대인이 가장 흔히 호소하는 증상인 안구 건조증에 긍정적인 연구 결과를 보이는 거의 유일한 영양 성분으로, 일부 연구에서는 아쉬운 결과가 나타나기도 했으나 여전히 많은 데이터가 오메가-3의 효력을 지지하고 있습니다. 안구가 쉽게 건조해져 나타나는 따가움과 후끈거림을 완화하려면 가장 먼저 오메가-3를 선택하세요.

● 효과 좋은 오메가-3 제품을 잘 고르는 방법은 96p를 참고하세요.

빌베리 → 눈의 피로 개선

오메가-3 → 안구 건조 개선

## 빌베리는 하루 중 편한 시간에 섭취하며, 라벨보다 다소 더 섭취해도 문제 없습니다.

빌베리는 일부 제품에서는 식후에 섭취할 것을 권하지만 식후에 챙기기 어려운 경우 하루 중 편한 시간에 자유롭게 섭취해도 괜찮습니다. 빌베리의 주요 성분 중 하나인 안토시아노사이드는 1일 100~200mg의 범위에서 섭취하면 되기 때문에, 섭취 권장 용량은 일반적인 빌베리 영양제로 계산했을 때 3~4캡슐에 해당합니다. 따라서 빠른 효과를 원한다면 하루에 1~2알 정도 더 섭취하는 것도 좋습니다.

## 오메가-3는 식후에, 3개월 동안 섭취하여 적정 용량인지 확인하세요.

오메가-3는 기름 성분으로 식후에 드셔야 속의 부담을 줄이고 더 나은 흡수율을 기대할 수 있습니다. 안구 건조 개선을 위해 오메가-3를 섭취하는 경우의 최적 용량은 아직 설정되지 않았습니다. 여러 임상 연구를 토대로 권해드리는 복용법은, 우선 약 1,000mg을 3개월 동안 섭취한 후, 효과가 나타나지 않으면 EPA와 DHA의 합으로 약 3,000mg의 용량으로 3개월 동안 섭취하는 방법입니다. 효과가 있는 용량을 발견한다면 그 용량으로 꾸준히 섭취하되, 3,000mg의 용량으로도 효과가 나타나지 않았다면 섭취 중단을 권해드립니다.

섭취 예시 : 아침 식후에 빌베리와 오메가-3를 함께 섭취하고, 저녁 식후에 빌베리를 추가로 섭취!

## 조심하세요! 섭취 시 주의사항

### 빌베리는 혈당과 혈액 응고에 영향을 줄 수 있습니다.

⚠ 빌베리에는 혈당을 낮추는 작용이 있습니다. 만일 저혈당의 위험이 있는 당뇨약을 복용 중이라면 빌베리를 처음 섭취할 때 혈당을 주의 깊게 관찰하여 섭취를 조절하기 바랍니다.

⚠ 빌베리에는 혈전을 억제하는 작용이 있어, 아스피린과 같은 혈전 억제 작용이 있는 의약품을 복용 중이라면 혈액 검사 결과를 한 번 더 확인하세요.

### 고함량의 오메가-3 섭취 시 출혈 경향에 주의하세요.

⚠ 오메가-3는 기름기가 있는 성분으로, 빈속에 과량으로 섭취하면 쉽게 소화 불량을 일으킵니다. 가능하면 식사 후 섭취하세요.

⚠ 오메가-3에는 혈전을 억제하는 작용이 있어 아스피린과 같은 혈전 억제 작용이 있는 의약품을 복용 중이라면 주의하기 바랍니다. 이런 상호작용은 3g 이상의 고함량의 오메가-3를 섭취할 때 더 쉽게 나타날 수 있습니다.

---

### 🔖 약사의 TIP

안구 건조를 해결해주는 '20-20-20 Rule'

모니터 화면에 집중하는 시간 동안은 눈을 깜빡이는 횟수가 절반 이하로 줄어든다고 합니다. 당연히 우리의 눈은 건조함으로 비명을 지를 수밖에 없습니다. 이에 대해 미국 검안 협회(AOA)에서는 이런 증상을 개선할 방법으로 '20-20-20 Rule'을 제안하고 있습니다. 20분마다 20초간 20피트(6m) 너머를 바라보세요. 짧고 반복적인 눈의 휴식의 눈의 피로와 안구 건조를 극적으로 개선할 수 있다는 사실은 여러 연구를 통해 입증된 사실입니다. 20분마다 20초간 20피트(6m) 바라보기를 습관화하면 눈의 피로가 개선됨은 물론 업무 능률에도 큰 도움이 될 것입니다.

## 조합에 추가하면 좋은 영양제가 있나요?

루테인은 눈을 보호하는 영양제로서 훌륭한 가성비를 자랑합니다. 루테인은 눈의 피로 개선 효과에 대해서는 빌베리보다 데이터가 적지만, 눈을 보호하고 눈의 노화를 늦추는 쪽으로는 연구가 잘 되어있는 성분입니다. 빌베리보다 훨씬 저렴하다는 것도 루테인의 장점입니다. 눈의 피로를 개선하고자 하나 빌베리의 가격대가 부담스러운 경우, 또는 눈을 단순히 보호하려는 목적으로 영양제를 찾는 경우 루테인도 좋은 선택이 될 수 있습니다. 루테인 영양제를 구매하고자 한다면 국내에도 다양한 제품이 건강기능식품 등급으로 판매되고 있습니다. 다만, 그 함량과 구성은 식약처에서 지정한 범위 내에서만 배합될 수 있어 사실상 루테인으로서는 제품별로 차이가 크지 않습니다. 따라서 루테인보다는 제품에 함께 배합된 오메가-3나 빌베리와 같은 추가 성분을 보고 본인에게 맞는 제품을 구매하는 것이 좋습니다. 만일 기존의 루테인에서 별다른 효과를 보지 못한 경우에는, FloraGLO® 원료가 포함된 제품을 시도하는 것도 좋은 방법입니다. FloraGLO®은 임상 시험에서 사용된 루테인 원료입니다. 때문에 FloraGLO®를 함유한 제품이 더 나은 효과를 나타낼 수도 있습니다.

## 함께 섭취하면 안 되는 영양제가 있나요?

빌베리와 오메가-3는 상호작용이 나타날 가능성이 적어, 함께 섭취하면 안 되는 영양제는 알려져 있지 않습니다. 빌베리와 오메가-3를 섭취하고 있을 때 다른 영양제를 자유롭게 섭취해도 괜찮습니다.

눈 건강 영양제에 관한 더 자세한 내용과 추천 영양제가 궁금하다면?
QR코드를 통해 유튜브 동영상을 확인하세요!

## 속앓이가 잦은 민감한 장에 필요한!
# 위와 장을 위한 최고의 조합

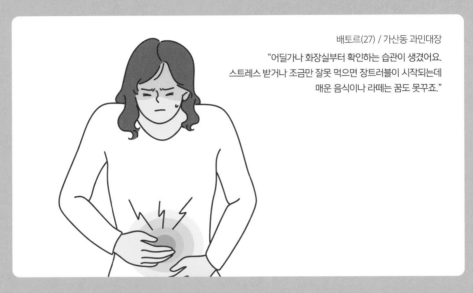

배토르(27) / 가산동 과민대장
"어딜가나 화장실부터 확인하는 습관이 생겼어요.
스트레스 받거나 조금만 잘못 먹으면 장트러블이 시작되는데
매운 음식이나 라떼는 꿈도 못꾸죠."

반복되는 변비와 설사, 그리고 속쓰림이나 울렁거림과 같은 소화 불량까지, 활동량이 적고 늘 스트레스를 겪는 현대인에게는 흔히 나타나는 증상입니다. 병원에서 다양한 검사를 통해 원인을 찾는 것이 좋으나, 많은 현대인들이 특별한 원인도 없이 저런 증상을 겪고 있는 것이 현실입니다. 위와 장의 트러블을 다스릴 수 있는 좋은 영양제가 없을까요?

### 최고의 위와 장 건강 조합, 약사의 선택은?
## 유산균 + 생강

위와 장 기능 개선을 위한 최고의 영양제 조합으로, 유산균과 생강을 선정하였습니다. 위와 장의 기능을 전방위적으로 관리하고자 한다면 유산균을, 만약 울렁거림, 속쓰림 같은 위에 관련된 증상이 크다면 생강 영양제가 도움이 될 수 있습니다.

## 왜 위장 건강에 유산균이 필요할까요?

　위와 장이 안좋으면 유산균부터 섭취하세요. 유산균은 단순히 장의 유익균만 보충하는 영양제가 아닙니다. 적절한 유산균제의 섭취는 소화 불량이나 과민성 대장 증후군과 같은 일상에서 흔히 나타나는 증상을 개선하는 데에도 좋은 효과를 나타냅니다. 특히 다른 어떤 영양제보다도 부작용과 상호작용 우려가 적어, 부담 없이 꾸준히 섭취할 수 있으므로 우리의 삶의 질에 좋은 영향을 줄 수 있습니다.

● 효과 좋은 유산균 제품을 잘 고르는 방법은 100p를 참고하세요.


## 왜 위장 건강에 생강이 필요할까요?

　소화 불량, 메스꺼움에는 생강이 1순위입니다. 생강은 위장 기능 개선에 가장 연구가 잘되어 있는 천연물 성분 영양제입니다. 특히 다수의 직장인이 흔히 겪는 소화 불량과 메스꺼움을 완화하는데 탁월한 효과가 있고, 임산부의 입덧에도 종종 사용하는 성분입니다. 생강 그 자체를 섭취해도 괜찮지만, 해외에는 생강의 그 효과가 잘 알려져 있어서 생강의 유효 성분을 농축해 만든 영양제가 판매되고 있습니다.

● 효과 좋은 생강 영양제 제품을 잘 고르는 방법은 120p를 참고하세요.

위와 장의 건강에는 유산균과 생강이 가장 도움됩니다.

## 이렇게 섭취해야 효과가 올라갑니다!

### 유산균은 아침 또는 낮에 가급적이면 빈속에 섭취하세요.

유산균은 어느 목적이든 동일한 방법으로 섭취해도 좋은 효과를 기대할 수 있습니다. 아침 기상 직후, 또는 식사 후 2시간 정도 뒤에 라벨에 기재된 용량대로 섭취하면 됩니다. 유산균은 공복에 섭취하는 것이 가장 좋다고 알려져 있지만 최근에 나오는 유산균은 위산에도 잘 버틸 수 있어, 꾸준히만 복용한다면 식전이든 식후든 좋은 효과를 기대할 수 있습니다. 그러므로 빈속에 섭취하기 번거로운 경우, 다른 영양제와 함께 식후에 섭취해도 괜찮습니다.

### 생강은 하루 중 편한 시간에 섭취하세요.

생강은 식사와 관계없이 라벨에 기재된 용량대로 섭취하면 됩니다. 생강 영양제는 단순히 생강 파우더를 캡슐에 담은 제품과 생강을 농축해서 제조한 추출물(Extract)로 만든 제품으로 나뉩니다. 일반적으로 생강 파우더 캡슐 제품은 1일 2~3알은 섭취해야 하는 반면 추출물 제품은 1일 1알만 섭취해도 충분한 양의 유효 성분을 섭취할 수 있습니다.

섭취 예시 : 아침 기상 직후에 유산균을 섭취하고, 속이 불편할 때 생강 섭취!

## 조심하세요! 섭취 시 주의사항

### 유산균은 가장 안전한 영양제 중 하나입니다.

① 유산균은 상당히 안전한 성분으로, 일부 사람에게서 위장 장애가 부작용으로 보고되지만 흔히 나타나는 부작용은 아닙니다.

① 드물게 면역력이 저하된 사람, 또는 입원 중인 사람에게서 유산균을 통한 감염 사례가 발생한 바 있습니다. 대부분은 카테터 등 주사 바늘을 통해서 균이 유입된 경우로, 유산균 취급 시 위생에 신경써주세요.

### 생강은 적정량으로, 반드시 필요할 때만 섭취하세요.

① 생강은 과량으로 섭취할 경우 오히려 속쓰림을 유발할 수 있습니다. 그러므로 반드시 라벨에 기재된 만큼만 섭취하기 바랍니다.

① 생강은 아직 장기간 복용의 안전성이 확립되지 않아서, 1개월 이상 연속으로 섭취하지 않는 편이 좋습니다. 장기간 꾸준히 섭취하기보다는 속이 불편할 때 며칠 동안만 집중적으로 섭취하는 것이 좋습니다.

① 와파린과 같이 혈전을 억제하는 약물이나 저혈당의 우려가 있는 일부 약물을 복용하는 중이라면 생강으로 인하여 약효에 변화가 나타날 수 있기 때문에 함께 섭취하는 것은 주의해야 합니다.

생강은 속이 불편할 때에만 집중적으로 섭취하세요.

## 조합에 추가하면 좋은 영양제가 있나요?

장기간 반복되는 위통, 속쓰림에는 매스틱 검을 시도하세요. 매스틱 검은 매시틱 나무의 수지를 가공하여 만든 영양제로, 위와 십이지장 벽을 보호하고 염증을 완화하는 데에 도움을 줄 수 있습니다. 매스틱 검은 유산균이나 생강만큼 임상적 근거가 잘 갖추어져 있는 영양제는 아니지만, 속쓰림 등 위염 증상의 완화에 좋은 효과를 나타내는 것으로 알려져 있습니다. 위염 증상이 있어 장기간 처방 의약품을 복용 중이거나, 부작용이 우려되어 제산제 등의 의약품 복용이 부담되는 경우에는 매스틱 검 섭취로 증상 완화에 도움을 얻을 수 있습니다. 매스틱 검을 구매할 때는 제품의 종류가 다양하지 않기 때문에 국내 제품을 구매할 경우 '식품'인지 '건강기능식품'인지 제품의 분류를 반드시 확인하는 것이 중요합니다. 건강기능식품 제품이 식품보다 철저한 관리를 통해 제조되고, 의도한 효과가 그대로 재현될 가능성이 훨씬 높습니다. 반드시 건강기능식품으로서 매스틱 검의 기능성이 제대로 표기된 제품을 구매하세요. 만약 직구를 하실 경우 Part02의 내용을 참고하여 믿을 만한 제조 업체인지 확인하고 구매하시기 바랍니다.

## 함께 섭취하면 안 되는 영양제가 있나요?

유산균과 생강은 상호작용이 나타날 가능성이 적어, 함께 섭취하면 안 되는 영양제가 알려져 있지 않습니다.

위와 장 건강 영양제에 관한 더 자세한 내용과 추천 영양제가 궁금하다면?
QR코드를 통해 유튜브 동영상을 확인하세요!

# 뒷목까지 뻣뻣한 거북목에게 필요한!
# 관절을 위한 최고의 조합

목거북(57) / 파스가 지겨운 남자
"일하다보면 어깨랑 뒷목이 뻣뻣하고 아파서 파스만 계속 붙여요.
병원에 가도 잠시 좋아졌다가 결국 다시 반복되네요."

좋지 않은 자세, 오래 전에 입었던 부상, 또는 류마티스 관절염 등, 나이를 들수록 다양한 요인이 우리의 관절에 염증과 통증을 유발하게 됩니다. 이 경우 병원에서 검사를 통해 정확한 진료를 받는 것이 우선이지만, 생각보다 많은 사람이 별다른 원인도 없이 간헐적으로 재발하는 관절 통증을 겪고 있습니다. 진통제를 오래 복용하기에는 부담스럽고, 도움이 될 만한 영양제는 없을까요?

### 최고의 관절 건강 조합, 약사의 선택은?
## 보스웰리아 + 콘드로이틴

관절 염증과 통증을 개선을 위한 최고의 영양제 조합으로, 보스웰리아와 콘드로이틴을 선정하였습니다. 보스웰리아는 단기간 빠른 염증 완화 효과를 위해, 콘드로이틴은 장기적인 관절 관리를 위해 섭취하세요.

## 왜 관절 건강에 보스웰리아가 필요할까요?

단기간의 관절 통증 완화에는 보스웰리아가 가장 효과적입니다. 보스웰리아는 관절 통증을 완화하는데 있어서 현재 가장 잘 입증된 성분입니다. 보스웰리아는 강력한 항염증 작용으로 관절 통증을 효과적으로 제어하며, 현재로서는 관절 통증 완화 효과를 증명하는 근거 수준과 효력이 가장 높습니다. 아쉬운 점은 장기간 섭취 시에도 그 효과가 유지되는지에 관한 근거가 부족하다는 점입니다. 그래도 관절 통증을 해결하고자 하는 분께 보스웰리아는 1순위로 먼저 선택해야 할 성분입니다.

● 효과 좋은 보스웰리아 제품을 잘 고르는 방법은 113p를 참고하세요.

## 왜 관절 건강에 콘드로이틴이 필요할까요?

꾸준한 관절 관리에는 콘드로이틴을 섭취하세요. 콘드로이틴은 가장 오랜 기간 연구된 관절 영양제입니다. 유사한 영양제로 글루코사민이 있으나, 콘드로이틴이 더 나은 선택입니다. 통증 완화뿐 아니라 관절의 기능을 개선하는데에도 도움을 줄 수 있으며, 1년 이상 복용했을 때에도 그 효력이 유지됩니다. 장기간 관리의 차원에서 섭취하기에 가장 좋은 근거를 가진 성분입니다. 콘드로이틴은 꾸준히 섭취하면서 통증이 심한 시기에만 단기적으로 보스웰리아를 추가하는 것도 좋은 방법입니다.

● 효과 좋은 콘드로이틴 제품을 잘 고르는 방법은 116p를 참고하세요.

건강한 관절 관리는 보스웰리아와 콘드로이틴 조합으로 해보세요!

## 보스웰리아는 하루 중 편한 시간에 섭취하세요.

보스웰리아는 식사와 관계없이 편한 시간에 섭취하면 됩니다. 보스웰리아 추출물의 형태에 따라 섭취하는 알약의 수가 다를 수 있지만 일반적으로 라벨에 기재된 대로 섭취하면 되고, 복용 중인 다른 영양제와 동시에 섭취해도 문제 없습니다. 다만, 보스웰리아를 장기간 섭취하는 경우의 효용성은 아직 불명확합니다. 그러므로 통증이 심한 시기에만 섭취하는 것도 좋은 선택입니다.

## 콘드로이틴은 1일 2~3회 식사 후 섭취하세요.

콘드로이틴은 제품에 따라 1일 2회, 또는 1일 3회 섭취하면 됩니다. 라벨에 기재된 용법에 맞춰 가능하면 식사 중이나 식사 직후에 섭취하는 것이 좋습니다. 콘드로이틴은 관절 관리를 위해 꾸준히 섭취해도 괜찮습니다.

섭취 예시 : 아침 식사 후 보스웰리아와 콘드로이틴을 함께 섭취하고, 저녁 식사 후에 콘드로이틴만 추가 섭취!

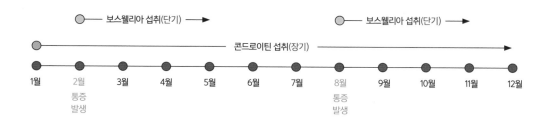

보스웰리아와 콘드로이틴의 조합 예시

보스웰리아는 통증이 나타날 때 단기간만 섭취하고, 콘드로이틴은 꾸준히 섭취하세요.

## 조심하세요! 섭취 시 주의사항

### 보스웰리아는 안전한 영양제입니다.

⚠ 보스웰리아는 상당히 안전한 성분으로, 구역, 구토감, 속쓰림 등의 위장 장애가 부작용으로 보고되었으나 흔히 나타나는 부작용은 아닙니다.

⚠ 3개월 이상 장기간 섭취에도 효과가 유지되는지에 관한 명확한 데이터가 없다는 단점이 있습니다. 특별한 부작용이 관찰되지 않는다면 꾸준히 복용해도 문제없으나, 관절 건강이 좋지 않을 때만 단기간 섭취하는 것도 좋은 방법입니다.

### 콘드로이틴은 특정 의약품을 복용 중이거나 천식을 앓고 있는 경우 주의하세요.

⚠ 콘드로이틴은 일반적으로 안전한 성분으로, 속쓰림을 간혹 유발할 수 있습니다.

⚠ 콘드로이틴에는 혈액을 묽히는 작용이 있어, 아스피린 등의 유사 작용을 하는 의약품을 복용 중이라면 주의해야 합니다.

⚠ 콘드로이틴이 천식을 악화시킨다는 보고가 있습니다. 천식 관련 질병을 앓고 있는 경우 콘드로이틴 섭취를 중단하기 바랍니다.

콘드로이틴이 천식을 악화시킬 수 있으니 유의하세요.

## 조합에 추가하면 좋은 영양제가 있나요?

### 단기간 강력한 효과를 원하면 커큐민을 추가하세요.

커큐민은 강력한 항염증 작용으로 관절 통증을 효과적으로 다스릴 수 있습니다. 보스웰리아보다는 임상적 근거가 적지만, 관절 통증으로 고생하는 분이라면 추가로 충분히 시도해볼 가치가 있는 성분입니다.

커큐민은 지용성이라는 특성상 흡수율이 매우 낮아, 많은 제품이 각기 다른 방법으로 개선된 흡수율을 선보이고 있습니다. 흑후추 추출물(Piperine)을 배합해 커큐민의 흡수율을 개선한 제품이 가장 가성비가 뛰어나지만, 다른 의약품의 흡수율마저 영향을 줄 수 있다는 것이 단점입니다. 이미 다른 의약품을 복용 중이라면, Meriva® 등 특수한 공법이 적용된 원료의 제품을 구매하세요. 상호작용의 걱정 없이 더 나은 흡수율의 커큐민을 섭취할 수 있습니다. 하지만 보스웰리아와 마찬가지로 장기간 섭취 효과에 관한 연구가 부족하므로, 통증이 심할 때 단기간만 보조적으로 섭취하는 것을 권해드립니다.

커큐민은 국내에서 정식으로 허가된 건강기능식품을 찾기 어려워, 아직은 직구를 통해 구매하는 것이 더 나은 선택입니다.

### 피크노제놀은 다양한 방면으로 효과를 나타냅니다.

피크노제놀은 보통 여성의 갱년기 증상 완화나 혈액 순환 개선 목적으로 섭취하는 성분이지만, 일부 연구에서 관절 통증에도 뛰어난 효과를 나타내는 것으로 드러났습니다. 만약 관절 통증에 더불어 혈액 순환이 잘되지 않고 쉽게 붓는 분이라면 피크노제놀을 추가하는 것도 좋은 선택입니다.

피크노제놀 영양제를 구매할 때는 보조 원료를 보고 고르는 것이 중요합니다. 함량이나 원료 브랜드보다 보조 원료가 중요한 이유는 국내의 피크노제놀 건강기능식품은 함량에 큰 차이가 없고, 유명한 원료로는 Horphag Research 브랜드가 있으나 대부분의 제품에 이미 Horphag Research의 원료가 포함되어 있기 때문입니다. 결국 피크노제놀만 놓고 보면 제품별로 큰 차이가 나지 않으니, 피크노제놀의 효능을 도울만한 보조 원료로서 어떤 성분이 포함되어 있는지에 따라 제품을 선택하는 것이 효과적입니다.

## 함께 섭취하면 안 되는 **영양제가 있나요?**

보스웰리아와 콘드로이틴은 상호작용이 나타날 가능성이 적어, 함께 섭취하면 안 되는 영양제는 알려져 있지 않습니다.

관절 건강 영양제에 관한 더 자세한 내용과 추천 영양제가 궁금하다면?
QR코드를 통해 유튜브 동영상을 확인하세요!

# 예전 같지 않은 피로에 지친 피부!
# 동안 피부를 위한 최고의 조합

전백옥(45) / 세월이 무상한 그녀
"어느 날 아침에 거울에서 못 보던 주름을 보고 충격받았어요.
이제는 거울을 보면 너무 슬퍼져요.
피부가 작년으로만 돌아가도 소원이 없겠어요."

바쁜 일상 속에서 피부의 젊음을 유지하는 일이 쉽지 않습니다. 스트레스가 심한 날에는 피부 트러블이 갑자기 생기기도 하고, 주름은 나도 모르는 새에 하나둘 생기기 시작합니다. 젊은 날의 티 없는 피부를 유지하는 데에 도움이 되는 영양제는 없을까요?

**최고의 피부 관리 조합, 약사의 선택은?**
**콜라겐 + 아연**

동안 피부 유지를 위한 최고의 영양제 조합으로, 콜라겐과 아연을 선정하였습니다. 콜라겐은 피부 탄력의 유지를, 아연은 염증성 피부 트러블의 완화를 위해 섭취하세요.

## 왜 피부 관리에 콜라겐이 필요할까요?

　콜라겐은 피부 주름과 탄력에 가장 잘 입증된 영양 성분입니다. 콜라겐은 우리 피부 조직의 구조와 탄력을 유지하는데 필수적인 성분으로, 노화로 인해 피부 내의 콜라겐이 감소하면 그만큼 쉽게 주름이 생기게 됩니다. 콜라겐을 영양제로 섭취하는 것이 실제로 효과가 있는지 논란의 여지가 있지만, 대다수의 임상 연구에서 콜라겐 섭취가 실제로 피부 주름 개선에 도움을 주는 것으로 결론을 내리고 있습니다.

　● 효과 좋은 콜라겐 제품을 잘 고르는 방법은 123p를 참고하세요.

## 왜 피부 관리에 아연이 필요할까요?

　피부 트러블 개선에는 아연이 1순위 영양제입니다. 아연은 여드름 증상의 완화에 가장 많은 데이터를 쌓아온 영양 성분으로 면역 기능을 활성화하는 것은 물론 그 자체로도 세균을 억제하는 효과가 있습니다. 특히 여드름으로 고생하는 사람의 대다수가 아연의 결핍을 겪고 있다는 데이터도 있는 만큼, 피부의 트러블 개선 목적으로는 가장 먼저 선택해야 할 성분입니다.

　● 효과 좋은 아연 제품을 잘 고르는 방법은 93p를 참고하세요.

트러블 피부에는 아연 섭취가 가장 효과적입니다!

## 콜라겐은 하루 중 편한 시간에 섭취하세요.

콜라겐은 식사와 관계없이 하루 중 편한 시간에 섭취하기 바랍니다. 간혹 다른 영양 성분과의 간섭을 막기 위해 빈속에 섭취하는 것을 권하기도 하지만 아직 정확히 입증된 이야기는 아닙니다. 만약을 위해 빈속에 섭취하는 것도 좋은 선택이지만 가장 편한 시간에 잊지 않고 섭취하는 것이 더 중요합니다.

## 아연은 가능하면 식후에 섭취하세요.

아연은 하루 중 편한 시간에 섭치하되 가능하면 식후에 섭취하세요. 빈속에 섭취해도 흡수에는 지장이 없지만, 간혹 속쓰림을 일으키는 경우가 있습니다. 만약 속쓰림이 없다면 빈속에 섭취해도 괜찮습니다. 킬레이트된 고가의 아연은 속쓰림이 발생할 우려가 적은 편이니 속이 쓰리신 분들은 킬레이트된 아연을 선택하세요.

섭취 예시 : 아침 식후 아연을 섭취하고 낮에는 콜라겐을 섭취!

### 약사의 TIP

킬레이트란?

킬레이트란 어떤 성분에 다른 화학물을 결합하여 감싸는 작업, 또는 그렇게 만들어진 화합물을 일컫습니다. 표현이 조금 어렵죠? 영양제에서 말하는 킬레이트는 어떤 성분이 더 쉽게 흡수되도록 보조 물질(구연산, 글리신산 등)을 결합한 것으로 이해하시면 됩니다. 킬레이트 기술은 주로 아연, 마그네슘 등의 미네랄 성분에 적용되며, 이렇게 킬레이트된 미네랄은 흡수율이 개선되고 부작용은 줄어듭니다.

## 조심하세요! 섭취 시 주의사항

### 콜라겐은 가장 안전한 영양제입니다.

① 콜라겐은 특별히 알려진 상호작용이나 부작용이 없는 안전한 성분입니다.

### 과량의 아연은 쉽게 부작용을 일으킵니다.

① 아연은 고용량으로 섭취할 경우 효소의 활성에 문제를 일으키고 위장에 부담을 주는 등 부작용 우려가 상대적으로 많은 미네랄입니다.

① 장기간 섭취할 경우 1일 30mg 이내로 섭취하는 것을 권해드립니다.

① 특히 직구 제품의 경우 상한량에 해당하는 1일 50mg의 아연 제품이 많은데, 이러한 제품은 가능하면 구매를 피하는 것이 좋습니다. 만약 드시더라도 2주 이상으로 연속으로 섭취하지 않는 것이 좋고, 가능하면 2~3일에 한 번만 섭취하세요.

① 아연은 일부 항생제와 결합해 항생제의 효과를 떨어뜨릴 수 있으므로 처방받은 항생제가 있는 경우 약사 혹은 의사 선생님께 병용 가능 여부를 문의하세요.

① 일부 비타민제에는 이미 아연이 함유되어 있습니다. 섭취 중인 비타민제가 있다면 반드시 아연의 함량을 확인하고 하루에 섭취하는 아연의 양이 너무 많아지지 않도록 주의하세요.

# Supplement Facts

**Serving Size 1 Tablet**

|  | Amount Per Serving | % DV |
|---|---|---|
| Zinc(as zinc gluconate) | 50mg | 455% |
| DV = Daily Value | | |

과량의 함량의 아연을 함유한 해외 아연 영양제 예시

## 조합에 추가하면 좋은 영양제가 있나요?

비타민 C는 가장 가성비가 좋고 안전한 항산화제입니다. 노화의 근본적인 원인 중 하나인 활성산소를 가장 안전하면서도 효과적으로, 심지어는 가장 저렴하게 제거해줄 수 있는 성분이 바로 비타민 C입니다. 비타민 C가 피부에 구체적으로 얼마나 도움이 되는지는 데이터가 부족하지만, 가장 저렴하면서도 안전한 영양제라는 사실만으로 시도해볼 가치가 충분합니다.

## 함께 섭취하면 안 되는 영양제가 있나요?

콜라겐은 알려진 상호작용이 없습니다. 아연은 너무 높은 용량의 칼슘이나 철분과 함께 섭취하면 두 가지 성분이 서로 경쟁적으로 흡수를 저해하는 경우가 있습니다. 때문에 한 번에 섭취할 때는 칼슘, 철분, 마그네슘, 아연의 용량 총합이 800mg을 넘기지 않는 것이 좋습니다.

피부 관리에 효과적인 영양제에 관한 더 자세한 내용과 추천 영양제가 궁금하다면?
QR코드를 통해 유튜브 동영상을 확인하세요!

## 요즘 부쩍 머리가 빠진다구요?
# 모발 관리를 위한 최고의 조합

박풍성(38) / 머리카락 타노스
"털갈이하는 건지, 요즘 가르마가 유독 넓어 보이는데
설마 저도 탈모일까요?"

날이 갈수록 머리가 휑하고, 바닥에 떨어진 머리카락이 점점 눈에 띕니다. 건강한 영양 상태가 모발 건강
에 필수적이라고 하지만, 다이어트도 해야 하고 과일이나 채소는커녕 바쁜 날에는 끼니조차 거르기 일수
입니다. 일상 속에서 점점 줄어드는 머리숱에 도움이 되는 영양제가 있을까요?

### 최고의 모발 관리 조합, 약사의 선택은?
## 약용효모 + 덱스판테놀

모발 건강을 위한 최고의 영양제 조합으로, 약용효모와 덱스판테놀을 선정하
였습니다. 이 두 성분은 각각 모발에 필요한 양질의 단백질과 미네랄을 효과
적으로 공급하며 염증 완화에 도움을 줄 수 있습니다.

주의! 탈모는 반드시 먼저 피부과를 방문해 정확한 원인을 파악하고 의사 선생님과의
상담 하에 적절한 치료를 진행해야 합니다.

## 왜 모발 관리에 약용효모가 필요할까요?

영양소 부족으로 인한 탈모 해결에는 약용효모를 선택하세요. 남녀를 불문하고 탈모의 가장 큰 원인은 호르몬이지만, 대부분은 복합적인 원인으로 탈모를 겪고 있습니다. 불충분한 영양 섭취 또한 탈모의 중요한 원인 중 하나로서, 약용효모는 모발 건강에 필요한 필수적인 성분을 아주 효율적으로 공급할 수 있는 성분입니다. 특히 의약품인 만큼 품질과 효과가 보장된다는 점도 큰 장점입니다.

● 효과 좋은 약용효모 제품을 잘 고르는 방법은 127p를 참고하세요.

## 왜 모발 관리에 덱스판테놀이 필요할까요?

염증을 동반한 탈모에는 덱스판테놀이 도움이 될 수 있습니다. 덱스판테놀은 염증을 완화하고 수분을 공급하는데 탁월한 성분으로, 기존에는 주로 연고제로서 피부 염증의 치료 목적으로 사용하던 성분이 최근에는 알약 형태의 영양제로 개발되어 약국에서 판매되고 있습니다. 탈모 치료의 보조제로서 의약품으로 허가된 만큼, 약용효모와 마찬가지로 품질과 효과가 보장되어 있습니다. 두피가 건조하거나 염증이 잦은 분께 주로 권해드리는 성분입니다.

● 효과 좋은 덱스판테놀 제품을 잘 고르는 방법은 130p를 참고하세요.

먼저 정확한 탈모의 원인을 파악한 후 영양제를 시도하세요.

## 약용효모는 1일 3회 1캡슐씩 식사와 상관없이 꾸준히 섭취하세요.

약용효모는 식사와 관계없이 1일 3회 1캡슐씩 섭취하시기 바랍니다. 효과가 나타나기까지 최대 6개월가량 걸릴 수 있으므로 무엇보다 꾸준히 섭취하는 것이 중요합니다.

## 덱스판테놀은 식사와 무관하게 1일 3회 섭취하세요.

덱스판테놀은 식사와 관계없이 1일 3회 1정씩 섭취하시기 바랍니다. 빈속에 섭취해도 흡수에는 지장이 없으나, 속쓰림과 같은 부작용이 느껴진다면 식사 후 섭취를 권해드립니다.

섭취 예시 : 하루 3번 아침, 점심, 저녁으로 식후에 약용효모와 덱스판테놀을 함께 섭취!

## 조심하세요! 섭취 시 주의사항

### 약용효모는 특별히 알려진 상호작용이나 부작용이 없는 안전한 성분입니다.

⚠ 약용효모에는 소량의 퓨린이 함유되어 있을 수 있습니다. 퓨린은 관절에 침착되어 통풍을 유발하는 물질로, 통풍을 이미 겪고 있는 분이 약용효모를 섭취한다면 드물게 통풍의 증상 악화가 나타날 수 있습니다. 만약 섭취 중 관련 증상이 나타나는 경우 섭취를 중단하시기 바랍니다. 통풍이 없는 분에게는 부작용 우려가 매우 적은 안전한 성분입니다.

⚠ 6개월 이상 섭취해도 효과가 나타나지 않는다면 중단하시기 바랍니다.

### 덱스판테놀은 특별히 알려진 상호작용이나 부작용이 없는 안전한 성분입니다.

⚠ 부작용은 없으나 만일 6주 이상 섭취해도 효과가 나타나지 않는다면 중단하시기 바랍니다.

### ⚗ 약사의 TIP

비오틴도 탈모에 좋은가요?

탈모 영양제에 대해 검색하면 비오틴을 섭취하라는 블로그 글이나 영상을 쉽게 찾을 수 있습니다. 하지만 비오틴은 일반적인 탈모에는 효과가 없습니다. 비오틴으로 효과를 볼 수 있는 경우는 매우 한정적입니다. 비오틴 대사 효소 결핍증(Biotinidase Deficiency)이라는 희귀한 유전병을 겪고 있는 사람이라면 비오틴 영양제로 탈모를 해결할 수 있지만, 이 유전병은 발생 사례가 드물고 출생 직후에 자연스럽게 진단할 수 있는 질병입니다. 이 질병에 대해 처음 듣는 분이라면 이 질병을 겪고 있지 않을 것입니다. 영양 상태가 극단적으로 안좋은 분도 비오틴이 결핍될 수도 있지만, 이 경우 굳이 고함량의 비오틴을 별도로 섭취하지 않아도 비오틴이 함유된 일반적인 비타민 B군 제품을 섭취하는 정도로 쉽게 결핍을 해결할 수 있습니다. 따라서 탈모 영양제로서 비오틴을 굳이 권하지 않습니다.

## 조합에 추가하면 좋은 영양제가 있나요?

　MPS(Marine Protein Supplement)는 가장 많은 임상데이터를 가진 탈모 영양제입니다. MPS란 상어 연골이나 어패류 등의 해물로부터 추출한 단백질을 가공한 성분으로, Aminomar®라는 원료명으로 판매되고 있습니다. 약용효모와 유사하게 양질의 영양소를 공급함으로서 모발 관리에 도움을 주는 원리입니다. 탈모에 관한 다른 어떤 영양제보다도 많은 임상데이터를 갖추고 있어, 약용효모 다음으로 섭취를 시도해볼만한 성분입니다.

　만약 식습관이 좋지 못한 분께서 약용효모로 효과를 못보셨다면, 다음으로는 MPS를 시도해보세요. MPS 영양제를 구매할 때는 원료명을 확인하는 것이 중요합니다. MPS는 Aminomar®라는 브랜드 원료가 유일한 원료고, 또 특정 업체에서 이 원료가 사용된 제품을 독점으로 공급하고 있습니다. Aminomar®라는 원료명으로 검색하면 쉽게 제품을 찾을 수 있습니다. 우리나라에 정식으로 건강기능식품으로 인정받아 수입된 제품도 있으니, 재고가 있다면 그 제품을 먼저 시도하기 바랍니다. 만약 국내에 제품이 없다면 직구를 통해 구매하는 방법밖에 없습니다.

　MPS 제품은 남성용, 여성용, Pro 제품으로 나뉘는데, Pro는 해외 현지에서 병원 상담용으로 개발된 제품이고, 일반 판매용은 성별 구분에 따라 구매하시면 됩니다. 사실상 보조원료의 차이일 뿐, 어떤 제품을 구매해도 Aminomar®의 효과는 동일하게 누릴 수 있습니다.

## 함께 섭취하면 안 되는 영양제가 있나요?

　약용효모나 덱스판테놀은 특별히 알려진 상호작용이 없어, 함께 섭취하면 안 되는 영양제는 없습니다.

모발 관리 영양제에 관한 더 자세한 내용과 추천 영양제가 궁금하다면?
QR코드를 통해 유튜브 동영상을 확인하세요!

# 꿀잠을 위한 최고의 조합

이불면(34) / 다크서클 보유자
"자고 일어나도 잔 것 같지 않아요.
잠을 푹 자지 못하니 온종일 너무 멍해요."

침대에 누워도 쉽게 잠을 이루지 못하고, 잠에 들어도 자주 깨고, 아침에 일어나도 개운하지 못한 증상을 누구나 한 번쯤 겪어보셨을 것입니다. 바쁜 일정과 반복되는 스트레스는 수면의 질을 현저히 떨어뜨리곤 합니다. 양질의 수면을 취하지 못하면 바로 다음날 컨디션이 저하되는 것은 물론, 장기적으로는 두뇌 건강에 치명적일 수 있습니다. 수면의 질을 개선해 우리의 컨디션에 도움을 수 있는 영양제가 있을까요?

**최고의 꿀잠 영양제 조합, 약사의 선택은?**
**마그네슘 + 레돌민**

꿀잠을 위한 최고의 영양제 조합으로, 마그네슘과 레돌민을 선정하였습니다. 마그네슘은 스트레스 완화와 컨디션 유지를, 레돌민은 직접적인 수면의 질 개선을 위해 섭취하세요.

## 왜 수면 건강에 마그네슘이 필요할까요?

수면의 질 개선에는 마그네슘이 1순위입니다. 마그네슘은 스트레스의 완화와 수면의 질 개선에 도움을 줄 수 있을 뿐더러, 필수 영양소로서 컨디션 관리에 가장 안전하고도 효과적인 성분입니다. 수면의 관점에서 바라보면 더 많은 데이터를 지닌 영양제도 있으나, 건강에 대한 마그네슘의 폭넓은 이점을 고려하면 마그네슘은 당연히 가장 먼저 선택해야 할 성분입니다.

● 효과 좋은 마그네슘 제품을 잘 고르는 방법은 89p를 참고하세요.

## 왜 수면 건강에 레돌민이 필요할까요?

레돌민은 국내에서 유일한 의약품 수면 영양제입니다. 사실 레돌민은 수면 보조 영양제의 브랜드 명칭으로 해외에서는 ReDormin Forte®라는 이름으로 판매되고 있기도 합니다. 레돌민은 발레리안과 홉 성분을 주성분으로 발레리안과 홉 성분 모두 수면의 질 개선에 도움을 주는 성분입니다. 레돌민이 특별한 이유는 바로 의약품이라는 점입니다. 국내에서 유일하게 수면의 질 개선 효과를 인정받은 의약품 제품으로서, 가장 높은 수준의 근거를 가진 수면 영양제입니다. 발레리안이나 호프가 배합된 영양제는 흔하지만, 의약품 등급의 원료와 제조 시설 하에 생산되고 임상적으로 많은 데이터를 쌓아 올린 제품은 레돌민이 유일합니다. 레돌민은 국내든 해외든 약국에서만 구매할 수 있습니다. 따라서 마그네슘과 함께 섭취할 영양제를 찾는다면, 단연 가장 먼저 추가해야 할 제품입니다.

● 레돌민은 근처 약국에서 구매할 수 있습니다!

마그네슘과 레돌민으로 수면의 질을 개선하세요!

## 이렇게 섭취해야 효과가 올라갑니다!

### 마그네슘은 수면의 질 개선을 위해 저녁 시간에 섭취하세요.

마그네슘을 수면의 질 개선 효과를 위해 섭취하는 경우 저녁 시간에 200~400mg의 용량으로 섭취하세요. 취침 1시간 전에 400mg를 섭취하는 것이 가장 좋지만 설사를 하거나 속에 부담이 되는 경우 저녁 식사 직후에 200mg에서 400mg 내외의 용량으로 조절해서 섭취하는 것을 추천합니다.

### 레돌민은 취침 1시간 전에 섭취하세요.

레돌민은 취침 1시간 전에 1정에서 1.5정을 복용하면 됩니다. 마그네슘을 섭취 중이라면 동시에 복용해도 상관 없습니다.

섭취 예시 : 취침 1시간 전 마그네슘과 레돌민 섭취!

### 🔖 약사의 TIP

잠을 잘 자지 못하는 분을 위한 '해파리 수면법'

해파리 수면법으로 알려진 수면법은 미국에서는 'Military Method'로 알려진 수면법입니다. 아래와 같은 방법을 따라해보세요.

1. 편안하게 누워 혀와 턱, 볼을 포함한 얼굴의 모든 근육의 힘을 빼세요.

2. 최대한 어깨에 힘을 빼고 손을 몸 옆에 가지런히 놓으세요.

3. 호흡에 집중해 천천히 숨을 내쉬며, 허벅지와 종아리의 힘을 빼 자연스럽게 놓인 상태를 유지하세요.

4. 10초간 머리를 비우고, 편안한 장면을 상상하세요. 머리속으로 10초간 '아무 생각도 하지 않기'를 되새기는 것도 좋습니다.

5. 이 상태를 유지하면 짧게는 10초, 길게는 2분만에 잠에 들 수 있습니다.

이 방법을 완벽하기 수행하려면 어느정도 연습이 필요하며, 최소 6주간은 꾸준히 시도하기를 권하고 있습니다.

## 조심하세요! 섭취 시 주의사항

**마그네슘은 의약품과의 상호작용이 생각보다 많은 성분입니다.**

① 일부 항생제와 함께 섭취할 경우 항생제의 약효가 저하될 수 있어, 항생제를 복용 중이라면 약사님께 섭취 가능 여부를 문의하세요.

① 골다공증 치료제와 함께 섭취할 경우 치료제의 약효가 저하될 수 있습니다. 골다공증 치료제를 복용 중이라면 1시간 이상 간격을 두고 섭취하세요.

① 마그네슘에는 혈압 저하와 근육 이완 효과가 있어, 관련된 효과의 의약품을 복용 중이라면 신중하게 섭취하세요.

**레돌민은 안전한 성분이지만, 수면제 복용 시 신중하게 부작용을 관찰하세요.**

① 레돌민은 안전한 성분으로, 특별히 알려진 상호작용이나 부작용이 없습니다.

① 수면제나 신경안정제 등의 의약품을 복용 중이라면 드물게 약효나 부작용이 증가할 수 있으므로 신중하게 병용하시기 바랍니다.

## 조합에 추가하면 좋은 영양제가 있나요?

아슈와간다는 현재 가장 활발한 연구가 이루어지고 있는 성분입니다. 피로 회복 영양제편에서 소개드렸던 아슈와간다는 스트레스의 완화뿐 아니라 수면의 질 개선에도 높은 수준의 임상 근거가 발표되어, 현재로서는 수면 보조 영양제로 먼저 시도해볼만한 효과적인 성분입니다. 마그네슘이나 레돌민을 섭취하면서도 효과가 부족하다고 느껴진다면, 아슈와간다를 추가하는 것도 충분히 고려해볼 가치가 있습니다.

## 함께 섭취하면 안 되는 영양제가 있나요?

마그네슘은 너무 높은 용량의 칼슘이나 철분과 함께 섭취하면 경쟁적으로 흡수를 저해하기도 해서 한 번에 섭취할 때 칼슘, 철분, 마그네슘, 아연의 용량 총합이 800mg을 넘지 않는 것이 좋습니다. 레돌민은 상호작용이 크게 알려지지 않았으나, 유사한 역할을 하는 수면 영양제를 추가할 경우 졸음 등의 부작용이 나타날 수 있으니 주의하시기 바랍니다.

수면 영양제에 관한 더 자세한 내용과 추천 영양제가 궁금하다면?
QR코드를 통해 유튜브 동영상을 확인하세요!

부모님께 드리는 효도 영양제!

# 부모님께 드리는 효도 영양제!
# 혈관 건강을 위한 최고의 조합

나효자(32)/ 금천구 소문난 효자

"부모님께 영양제를 선물해드렸더니
너무 기뻐하셨어요."

나이가 들수록 혈관의 기능은 저하되고, 콜레스테롤이나 혈압과 같은 다양한 위험 요인이 우리의 건강을 해치게 됩니다. 증상이 심각한 경우 병원에서 진단을 받고 식이요법과 함께 적절한 의약품을 복용하는 것이 최우선이지만, 검사 결과가 쉽게 개선되지 않아 보조적인 방법을 찾는 분이 많습니다. 우리의 혈관 건강을 지키고 건강을 유지하기 위해 섭취해야 할 영양제에는 어떤 것이 있을까요?

**최고의 혈관 영양제 조합, 약사의 선택은?**
## 오메가-3 + 마늘 추출물

혈관 건강을 위한 최고의 영양제 조합으로, 오메가-3와 마늘 추출물을 선정하였습니다. 오메가-3는 콜레스테롤과 혈관 염증 관리에 효과적이고, 마늘 추출물은 동맥경화를 늦추며 콜레스테롤과 혈압 관리에 도움을 줄 수 있습니다.

## 왜 혈관 건강에 오메가-3가 필요할까요?

혈관 건강에는 오메가-3가 1순위입니다. 오메가-3는 혈중 중성 지방을 가장 효과적으로 낮출 수 있는 영양제로, 염증의 완화에도 도움을 주기 때문에 혈관 건강에 있어서 항상 1순위로 선택되는 성분입니다. 식품이 아닌 영양제로 오메가-3를 섭취할 때의 이점은 아직까지도 논란이 많지만, 적어도 평소에 생선을 자주 드시지 않는 분이라면 영양제로 오메가-3를 섭취함으로써 심장마비를 비롯한 각종 중대한 심혈관계 질환의 발병률을 낮출 수 있는 것으로 나타났습니다.

● 효과 좋은 오메가-3 제품을 잘 고르는 방법은 96p를 참고하세요.

## 왜 혈관 건강에 마늘 추출물이 필요할까요?

마늘은 각종 위험 요소를 제어하는 데 효과적입니다. 마늘은 혈압과 콜레스테롤의 관리에 도움을 줄 수 있고, 동맥경화의 진행을 늦추는 것으로 알려져 혈관 관리 목적으로는 오메가-3와 더불어 가장 중요한 영양제 중 하나입니다. 우리나라는 전 세계에서 가장 많은 양의 마늘을 섭취하는 나라지만, 모두가 마늘을 즐겨 섭취하는 것은 아니며, 조리법에 따라 마늘의 영양소가 쉽게 파괴되기도 하기 때문에 보조적으로 마늘 추출물을 섭취하는 것이 도움될 수 있습니다. 유효 성분이 잘 관리되는 마늘 추출물 영양제는 혈관 관리를 위한 아주 훌륭한 선택입니다.

● 효과 좋은 마늘 추출물 제품을 잘 고르는 방법은 133p를 참고하세요.

오메가-3와 마늘 추출물로 혈관 건강을 유지할 수 있습니다.

## 이렇게 섭취해야 효과가 올라갑니다!

### 오메가-3는 EPA와 DHA의 합으로 1일 1,000~3,000mg 섭취하세요.

오메가-3의 질환 예방 효과에 관해서는 아직도 연구가 진행 중이고 최적의 용량에 대해서는 논란이 많습니다. 1주일에 2회 이상 생선 등의 식사로 오메가-3를 충분히 섭취 중인 분이라면 굳이 혈관 건강의 목적으로는 오메가-3 영양제를 섭취하지 않으셔도 괜찮습니다. 식사로 오메가-3를 보충하기 어려운 경우에만 섭취하시기 바라며, 건강 유지 목적으로는 EPA와 DHA의 합으로 1일 1,000mg을 섭취하고 중성지방을 낮추는 목적이라면 1일 3,000mg까지 식후에 섭취하세요.

---

**⚕ 약사의 TIP**

EPA와 DHA가 무엇인가요?

EPA와 DHA는 오메가-3 지방산의 일종으로, 여러 종류의 오메가-3 지방산 중에서도 우리 건강에 가장 밀접하게 관여하는 성분입니다. 흔히 말하는 오메가-3는 EPA와 DHA라는 두 가지 지방산으로 이루어져 있으며, 오메가-3의 함량은 EPA와 DHA의 합으로서의 함량을 의미합니다. 일부 영양제는 EPA 또는 DHA 중 한 가지 지방산만 포함하고 있기도 합니다. 아직은 어떤 종류의 오메가-3 지방산이 더 건강에 좋은지 명확하게 밝혀진 사실이 없으며, EPA와 DHA를 모두 함유하는 오메가-3 제품이 가장 일반적인 선택입니다.

### 마늘 추출물은 식사 후에 섭취하세요.

마늘 추출물은 위장 장애 우려가 있어 식후에 섭취하는 편이 좋습니다. 용량은 제품별로 상이하므로, 제품의 라벨에 표기된 대로 섭취하시기 바랍니다. 대부분의 제품은 1일 1회 1정의 섭취를 권장하고 있습니다.

섭취 예시 : 아침 식후 오메가-3와 마늘 추출물 섭취!

## 식사로 오메가-3를 충분히 섭취 중이라면 영양제는 피하세요.

① 오메가-3는 기름기가 있는 성분으로, 빈속에 과량으로 섭취하면 쉽게 소화 불량을 일으킵니다. 가능하면 식사 후 섭취하세요.

① 오메가-3에는 혈전을 억제하는 작용이 있어 아스피린과 같은 혈전 억제 작용이 있는 의약품을 복용 중이라면 주의가 필요합니다. 이런 상호작용은 3g 이상의 고함량의 오메가-3를 섭취할 때 더 쉽게 나타납니다.

① 건강 유지 목적으로 장기간 오메가-3를 섭취할 경우 일부 암이나 심혈관계 질환의 발병률이 상승하는 등 상반된 연구 결과들이 발표되고 있습니다. 때문에 평소에 생선 등의 식사로 오메가-3를 풍부하게 섭취할 경우 오메가-3 영양제를 굳이 드실 필요가 없다고 판단됩니다.


## 마늘 추출물은 위장 장애와 일부 의약품 간의 상호작용을 주의하세요.

① 마늘 추출물은 상당히 안전한 성분이나, 일부 사람에게 속쓰림과 같은 위장 장애를 일으킬 수 있습니다.

① 와파린이나 아스피린 같은 혈전 억제 작용을 하는 약을 복용 중이라면 마늘 추출물이 약효를 증강시킬 수 있으므로 신중한 관찰이 필요합니다. 이는 정기 검진을 통해 확인할 수 있습니다.

① 일부 간의 대사를 받는 피임약, 면역 억제제 등의 의약품 효과를 마늘 추출물이 감소시킬 수 있습니다. 함께 복용 전에 전문가와 상담하세요.

## 조합에 추가하면 좋은 영양제가 있나요?

코엔자임큐텐(이하 코큐텐)은 심장과 혈관 기능을 유지하기 위한 영양제입니다. 코큐텐은 에너지 대사에 필수적인 성분으로, 40대 이후로 세포 내의 코큐텐 수치는 급격히 감소하게 됩니다. 중대한 심혈관 질환을 겪는 분의 상당수가 코큐텐이 부족한 것으로 나타나, 콜레스테롤, 혈압 등 심혈관 질환의 위험이 큰 사람이라면 만약에 대비해 코큐텐을 섭취하는 것도 좋은 선택입니다. 특히 고지혈증 의약품을 복용 중이라면 코큐텐이 쉽게 고갈되므로, 반드시 섭취하길 권해드립니다.

코큐텐은 크게 비활성형 코큐텐인 유비퀴논(Ubiquinone)과 활성형 유비퀴놀(Ubiquinol)로 나뉩니다. 다만 활성형인 유비퀴놀의 효용성에 대해서는 논란이 많으며, 대부분 비활성형인 유비퀴논을 섭취해도 코큐텐의 의도된 효과를 모두 누릴 수 있습니다. 코큐텐 제품은 코큐텐 자체의 흡수율이 낮아 다양한 방법으로 흡수율이 개선된 제품이 출시되어 있습니다. 우리나라 제품을 구매할 경우 흑후추 추출물(Piperine)이 배합된 제품을 구매하면 비교적 나은 흡수율을 기대할 수 있습니다. 다만 흑후추 추출물의 용량에 따라 복용 중인 다른 영양제에도 영향을 일으킬 수 있어, 제조사에 상호작용 여부에 관해 미리 문의하고 섭취하기 바랍니다.

한편 해외에는 Piperine이 복합된 제품뿐 아니라 수용성으로 개발되어 다른 의약품에 영향을 주지 않고 빈속에도 흡수가 쉽게 되는 제품도 찾을 수 있습니다. 가능하면 국내 제품으로 섭취하되, 일부 특수한 코큐텐을 섭취하고자 원한다면 ConsumerLab에 데이터가 있는 제품 중에 선택하시기 바랍니다. (ConsumerLab 확인 방법은 68p를 확인하세요.)

## 함께 섭취하면 안 되는 영양제가 있나요?

오메가-3와 마늘 추출물은 상호작용이 적어 함께 섭취하면 안 될 영양제가 특별히 밝혀지지 않았습니다. 단, 이 두 영양제 모두 혈액을 묽히는 경향이 있어, 유사한 작용이 있는 폴리코사놀, 은행엽 등의 다른 영양제를 여러 종류 섭취 중이라면, 혈액 응고가 너무 늦어지지 않는지 검사 결과를 유심히 관찰하는 편이 좋습니다.

혈관 건강 영양제에 관한 더 자세한 내용과 추천 영양제가 궁금하다면?
QR코드를 통해 유튜브 동영상을 확인하세요!

PART
# 02

# 영양제 구매 시
# 필수
# 체크리스트

## 무엇을 기준으로 어떻게 골라야 할까?

본인에게 필요한 영양제 조합을 찾으셨다면 이제는 어떤 제품을 구매할지 알아볼 차례입니다. 아무리 과학적으로 잘 입증된 좋은 성분이더라도, 잘못된 브랜드의 제품을 선택하면 돈과 시간뿐 아니라 건강마저 잃을 수 있습니다.

좋은 제품을 고를 때 가장 중요한 것은 바로 검증된 품질입니다. 성분 배합과 함량은 다음 문제입니다. 품질 관리가 철저하지 못한 제품을 선택하면 자기도 모르는 사이에 벌어지는 과다 복용, 중금속 등의 오염으로 건강을 잃을 수 있습니다. 품질을 만족하지 못하는 제품은 함량이나 배합이 좋더라도 구매 리스트에서 배제해야 합니다.

> "품질이 최우선이고, 함량과 구성은 다음 문제입니다."

우리나라와 미국은 전반적인 규제와 영양제 산업의 발달 방향이 달라서, 영양제의 품질 관리에도 큰 차이를 보이고 있습니다. 미국*은 영양제(Supplements)의 제조 시설을 FDA에서 직접 체크하지 않고, 제조되는 영양제의 품질을 국가에서 보장하지 않습니다. 매년 일부 업체가 품질 문제로 불시에 적발되긴 하지만, 전수검사가 이루어지는 것이 아닌 만큼 하자가 있는 제품을 시중에서 쉽게 발견할 수 있습니다.

한편 우리나라의 영양제는 식품의약품안전처(이하 식약처)에서 실사를 통해 모든 제조 업체의 품질 관리 수준을 체크하고, 제품의 효과를 식약처에서 보장하고 있습니다. 특히 우리나라에는 일반의약품으로 분류되어 의약품 제조 시설에서 생산되는 영양제도 있으며, 이렇게 제조된 제품은 최고 수준의 품질이 보장되어 있습니다.

영양제를 국내 소비자 입장에서 분류하면 국내 일반의약품, 국내 건강기능식품, 해외 직구 영양제(Supplements)로 구분할 수 있습니다. 품질 관리 규제가 철저할수록 구성 성분의 다양성은 떨어집니다. 제품의 품질은 일반의약품 영양제가 가장 뛰어나지만 성분의 종류가 다양하지 않습니다. 한편 해외 직구 영양제는 구성 성분이 매우 다양하지만 품질의 하자도 가장 빈번하게 발견됩니다. 국내 건강기능식품은 품질이나 성분의 다양성 측면에서 중간에 위치하고 있습니다.

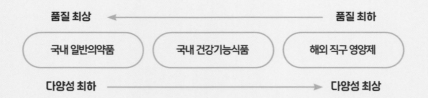

영양제 구매는 무엇보다 품질이 더 좋은 제품을 가장 우선으로 선택하는 것이 좋습니다. 예를 들어 밀크시슬은 일반의약품, 건강기능식품, 해외 직구 어느 쪽으로도 구할 수 있지만, 가장 품질 관리가 철저한 일반의약품을 먼저 권해드립니다. 한편 의약품으로 나오지 않는 성분은 국내에 건강기능식품으로 정식으로 허가된 제품이 있는지 체크하고, 그마저도 없는 커큐민이나 아슈와간다와 같은 성분은 어쩔 수 없이 직구로 구하는 수밖에 없습니다.

---

* 대부분의 해외 영양제 직구는 미국을 통해 이루어지므로, 해외 직구 영양제에 관련된 규제와 품질 이슈는 미국의 시장 상황을 기준으로 설명함

해외 직구 영양제의 품질이 우리나라만큼 잘 보장되지 않는다면, 우리나라에서는 구할 수 없는 성분은 어떻게 구매해야 할까요? 다행히 영양제나 식품의 품질을 직접 체크하기 위해 미국의 소비자들이 운영하는 업체들이 있습니다. ConsumerLab과 Labdoor가 가장 대표적인 업체로, 웹사이트에 접속하면 시중에 있는 유명한 제품들의 품질 테스트 결과를 확인할 수 있습니다. 해외 직구를 하시려면 반드시 이 두 업체 중 한 군데에서 테스트를 한 이력이 있는 제품을 선택하기 바랍니다.

하지만 아쉽게도 이 두 업체에서 테스트한 이력이 없는 성분들도 많습니다. ConsumerLab과 Labdoor에 데이터가 없는 제품을 구매하시려면, 최소한 제3자의 업체로부터 GMP를 인증받은 업체의 제품을 찾기 바랍니다. 하지만 미국의 영양제 제조 시설은 원칙적으로 GMP(Good Manufacturing Practice)의 기준을 충족해야 함에도 불구하고, 우리나라와는 달리 각 업체의 GMP 준수 여부를 FDA에서 일일이 체크하지 않아 유의해야 합니다. 제품 설명란이나 홈페이지에 GMP가 기재되어 있더라도 매년 무작위로 진행하는 불시 검사에서 수많은 업체가 규정 위반으로 제재를 받고 있기 때문입니다. 일부 제조사는 신뢰도 확보를 위해 제조사와 이해관계가 얽히지 않은 제3자의 업체로부터 GMP 인증을 받고 있습니다. 우리는 이 인증 여부를 확인해야 합니다. 대표적인 인증 기관으로는 NSF와 NPA가 있으며, 제조사나 인증 업체의 홈페이지에서 인증 여부를 확인할 수 있습니다. Part 02에서 소개하는 해외 영양제 선택 방법은 이런 품질에 관한 기준이 충족됨을 당연한 전제로 하고 그 뒤에 체크해야 할 내용들입니다.

**Do your products adhere to Good Manufacturing Practices?**

Our commitment to quality and safety have earned us GMP (Good Manufacturing Practice) registration from NSF International, an organization that independently registers manufacturers as meeting GMP requirements. Good Manufacturing Practices (GMPs) are guidelines that provide a system of processes, procedures and documentation

제조사 홈페이지에 기재된 NSF의 GMP 인증 예시

해외 직구 영양제의 품질을 확인하는 자세한 방법이 궁금하다면?
영상으로 함께 직구 비타민 품질을 확인해보세요!

앞서 설명한 ConsumerLab과 Labdoor 사이트에서 영양제의 품질을 어떻게 체크해야 하는지 이미지와 함께 자세하게 확인해보겠습니다. 영양제를 직구해야 할 때 직접 따라 해보세요.

Consumerlab은 1개월에 약 4달러의 비용으로 이용할 수 있는 사이트(https://www.consumerlab.com)입니다. 일반적인 정보는 로그인하지 않아도 확인할 수 있습니다.

원하는 제품을 상단에서 검색하거나 위처럼 성분별로 클릭해서 확인할 수 있습니다. 제품 리스트에서 품질이 확인된 제품과 피해야 할 제품을 확인할 수 있습니다.

승인 제품                    미승인 제품

Labdoor은 로그인만 하면 무료로 이용할 수 있는 사이트(https://labdoor.com)입니다. 궁금한 제품을 검색하여 확인할 수 있습니다. 제품을 클릭하면 제품에 대한 리뷰와 점수를 확인해볼 수 있습니다.

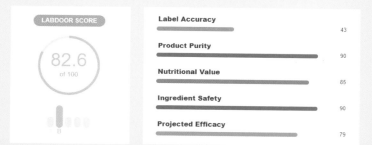

'Label Accuracy'는 제품이 실제로 라벨에 기재된 함량이 얼마나 정확한지 테스트해본 결과를 점수로 나타낸 것입니다. 해당 점수 책정에 관련한 자세한 내용은 페이지 하단의 See Full Report 버튼을 클릭하여 확인할 수 있습니다.

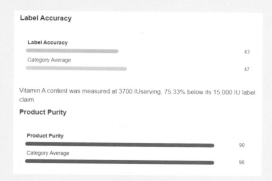

리포트를 확인해보니 예시의 제품은 라벨에 비타민 A가 15,000IU가 들어있다고 기재되어 있으나 실제로 3,700IU가 함유되어 75.33%나 부족하다고 설명되어 있습니다.

제품의 purity(순도) 점수를 통해 중금속 등의 검출 여부도 확인할 수 있습니다.

Consumerlab과 Labdoor의 품질 확인 방법을 더 자세히 알고 싶다면?
유튜브로 함께 보며 따라해 보세요!

## 비타민 B군

비타민 B군(B Complex) 제품은 인체의 에너지 생성에 관여하는 8종류의 '비타민 B'를 중점적으로 담아 피로 회복을 목적으로 설계된 비타민제입니다. 과일이나 채소, 육류 등 식사를 균형 있게 섭취하는데도 피곤한 경우, 고함량의 비타민 B군을 함유하는 제품을 선택하는 것이 좋습니다.

"비타민 B군은 균형 잡힌 식단을 유지하면서도 피곤한 사람에게 적합한 피로 회복 집중형 제품입니다."

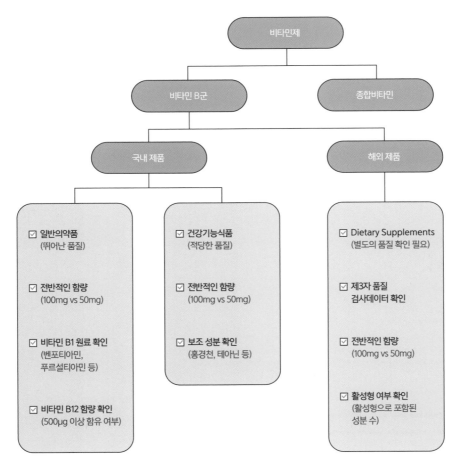

시중에서 구할 수 있는 비타민 B군 제품의 종류와 주요 체크포인트

# 국내 제품을 구매하는 경우

## ❶ 일반의약품 비타민 B군 제품을 최우선으로 선택하세요.

비타민 B군은 우리나라에서 건강기능식품뿐 아니라 일반의약품으로도 출시되고 있습니다. 의료용으로 인정받은 벤포티아민같은 일부 고흡수 원료들은 일반의약품 비타민제로만 만날 수 있고, 쉽게 변질되는 비타민의 특성상 품질 관리가 가장 철저한 일반의약품 제품을 최우선으로 권해드립니다.

한편 건강기능식품으로 분류되는 비타민제는 의약품보다 더 다양한 성분이 배합될 수 있습니다. 예를 들면 스트레스에 도움이 되는 홍경천이나 테아닌과 같은 성분이 배합된 비타민제는 건강기능식품으로만 접할 수 있습니다. 만약 다양한 성분 조합의 효과를 체험하고 싶으시다면 건강기능식품 비타민제를 선택하세요.

| 분류 | 일반의약품 비타민 | 건강기능식품 비타민 |
|------|------------------|---------------------|
| 품질 | 의약품 규제 적용<br>(보다 높은 품질 수준) | 건강기능식품 규제 적용<br>(상대적으로 낮은 품질 수준) |
| 구성 | 성분의 다양성이 떨어지는 편 | 다양한 성분 활용 가능<br>(ex. 홍경천, 홍삼, 과일추출물 등) |
| 특이사항 | 의료용으로 인정받은 활성형 비타민 포함 가능<br>(벤포티아민, 메틸코발라민 등) | 일부 활성형 비타민 포함 가능<br>(활성형 엽산) |
| 판매처 | 약국 | 약국, 백화점, 온라인 등 |
| 추천 | 높은 품질과 의약품 원료를 원하는 경우 | 다양한 성분 조합의 효과를 체험하고 싶은 경우 |

일반의약품과 건강기능식품 비타민제 비교표

## ❷ 평소에 속이 불편하다면 50mg 이하, 속이 튼튼하면 100mg 제품으로 선택하세요.

1일 권장량의 약 10배 이상(보통 10~30mg 내외)의 비타민 B군을 함유하는 제품을 '고함량의 비타민 B군'으로 분류하고, 대부분의 국내 제품들은 그 이상의 함량인 50~100mg 수준으로 함유하고 있습니다. 개인차이가 있지만, 보통 위장이 약한 분께는 50mg 이하의 제품을, 고함량의 비타민을 원하는 분께는 100mg을 기준으로 맞춰진 제품을 권해드립니다.

**❸ 비타민 B1과 비타민 B12가 효과를 판가름 짓습니다.**

비타민 B1(티아민)과 비타민 B12(코발라민)에 주목하세요. 일반적인 비타민 B군은 체내에 흡수가 매우 쉽게 되지만, 비타민 B1과 비타민 B12는 유독 흡수율이 낮습니다. 따라서 많은 제조사가 비타민 B1과 비타민 B12에 집중적으로 투자하고 있고, 이는 체감할 수 있는 효과 차이로 이어집니다. 비타민 B1의 종류 중에서 흡수율이 좋은 티아민(벤포티아민, 푸르설티아민, 비스벤티아민 등)이 사용되었는지, 비타민 B12는 500μg 이상을 함유하고 있는지 성분표를 통해 확인하세요.

---

## 일반의약품 정보

이 약을 사용하기 전 반드시 첨부문서를 확인하세요.

### 【유효 성분】

| | |
|---|---|
| **푸르설티아민**(KP) | 20mg |
| **벤포티아민**(티아민염산염으로서 57.8mg)(KP) | 80mg |
| 리보플라빈(KP) | 100mg |
| 니코틴산아미드(KP) | 20mg |
| 판토텐산칼슘(KP) | 100mg |
| 피리독신염산염(KP) | 100mg |
| 비오틴(USP) | 0.1 mg |
| 폴산(KP) | 0.5mg |
| **시아노코발라민**(KP) | 1mg |
| 제피아스코르브산(아스코르브산으로서 48.5mg)(별규) | 50mg |
| 콜레칼시페롤과립(비타민D로서 1000IU)(별규) | 10mg |
| 산화아연(아연으로서 24.1mg) (KP) | 30mg |
| 토코페롤아세테이트2배산(비타민E로서 20IU) (KP) | 40mg |
| 셀레늄함유건조효모(셀레늄으로서 13.5μg)(KP) | 25mg |
| 산화마그네슘(마그네슘으로서 30.2mg) (KP) | 50mg |
| 감마-오리자놀(KP) | 10mg |
| 이노시톨(KP) | 50mg |
| 콜린타르타르산염(USP) | 50mg |
| 우르데옥시콜산(KP) | 30mg |

국산 일반의약품 B군 제품의 라벨 예시

100mg 기준으로 설계된 최고 함량의 비타민 B군 제품의 라벨입니다.
푸르설티아민과 벤포티아민으로서 두 종류의 비타민 B1이 함께 구성됐고,
비타민 B12가 타제품 대비 최고 함량으로 포함된 것이 눈에 띕니다.
최고 함량의 비타민 B군을 원하는 분께 적합한 제품입니다.

비타민 B1(티아민)의 종류를 체크할 때는 비타민 B1의 흡수율이 다른 B군에 비해 낮아, 벤포티아민, 푸르설티아민, 그리고 비스벤티아민과 같은 흡수율을 개선한 티아민을 고르는 것이 좋습니다. 이 티아민들은 의료용 원료로, 일반의약품 비타민제를 통해서만 만날 수 있습니다. 일반적으로 벤포티아민은 육체 피로에, 푸르설티아민은 두뇌 피로에 더욱 효과적인 것으로 알려져 있으나, 어떤 티아민이 더 효과가 좋을지는 개인차가 있어 복용을 해봐야만 알 수 있습니다. 우선 제품을 복용해보고, 본인에게 잘맞는 비타민제에 어떤 티아민이 함유되어 있는지 확인해두면, 추후 제품을 고를 때 도움이 됩니다.

비타민 B12(코발라민)은 저함량에서는 흡수 효율이 매우 떨어지지만, 500~1,000μg 이상의 고함량을 섭취할 경우 우리 몸은 다른 경로로 추가적인 코발라민을 흡수할 수 있습니다. 따라서 잦은 음주, 채식 위주의 식단, 위산 부족 등의 이유로 코발라민의 결핍이 우려되는 분에게는 최근에 나오는 500μg 이상의 고함량의 코발라민을 함유하는 제품을 권해드립니다. 비타민 B12는 비활성형인 시아노코발라민과, 활성형인 메틸코발라민, 히드록소코발라민 등 다양한 종류의 원료가 있습니다만, 모두 체내에 코발라민으로 변환되어 필요한 형태로 다시 재합성되므로, 효과에는 큰 차이가 없습니다.

☑ **국내 비타민 B군 CHECK POINT**
- 품질은 국내의 일반의약품 비타민제가 가장 뛰어납니다.
- 비타민의 효과를 빠르게 느끼려면 일반의약품을, 다양한 성분 배합의 효과를 체험하려면 건강기능식품을 선택하세요.
- 위장이 약한 경우 50mg 이하의 제품을, 고함량을 원하면 100mg 내외의 제품으로 선택하세요.
- 비타민 B1의 종류와 비타민 B12의 함유량을 유심히 살펴보세요.

👩‍⚕️ **약사의 TIP**

고령자의 경우 함량에 주의하세요.
- 일부 연구에서 비타민 B6 또는 비타민 B12을 장기 복용한 사람에게서 폐암, 골절 등 중대한 질환의 발병율을 증가하는 것으로 나타났습니다. 비타민 B군은 쉽게 배출되어 안전한 성분인 것으로 알려져 있으나, 수년 이상 장기간의 노출이 세포와 신경에 영향을 미칠 수 있는 것으로 보입니다.
- 발병률 증가의 양상은 50세 이상의 고령자, 또는 신장 질환이나 당뇨를 겪는 분께 나타났습니다. 이에 해당하는 분은 가급적이면 낮은 함량의 종합비타민, 또는 B군 중에서도 B6나 B12의 함량이 낮은 제품을 위주로 섭취하는 것이 나을 수 있으며, 고함량의 B군은 길어도 6개월에서 1년 이내로만 섭취하기를 권해드립니다. 이는 아직 가설에 불과하고 근거 수준이 높지 않습니다. 더 많은 연구를 통해 입증해야 하는 내용입니다. 하지만 고함량 비타민제로부터 큰 체감 효과를 느끼지 못하는 분이라면 만약에 대비하는 것도 좋은 방법입니다.

## 해외 제품을 구매하는 경우

**❶ 비타민 B군을 해외 직구할 때는 활성형 성분 포함 여부를 반드시 확인하세요.**

활성형 비타민은 우리 몸에서 더욱 쉽게 이용할 수 있는 형태의 비타민입니다. 일반적인 비타민보다 고가의 원료지만, 실제 효과에 관한 데이터가 적어 그 효용성에 대해서는 의견이 분분합니다. 아직은 건강한 사람이 굳이 더 큰 비용을 들여 활성형을 구매할 필요가 없는 것으로 보이며, 다만 대사 능력이 낮아진 고령자, 또는 회복 중인 분은 활성형 비타민이 도움이 될 가능성이 있습니다.

활성형 비타민은 국내 제품으로는 만나기 어려운 만큼, 직구를 하실 때는 반드시 활성형 포함 여부를 확인하시기 바랍니다. 활성형으로 구성된 제품이 아니라면 굳이 직구를 할 이유가 없습니다. 모든 비타민이 활성형과 비활성형으로 나뉘는 것은 아니며, 활성형 비타민의 종류는 아래 표를 참고하세요.

| 분류 | 비활성형 | 활성형 |
|---|---|---|
| 비타민 B1 | 티아민 염산염(Thiamine HCl)<br>티아민 질산염(Thiamine nitrate) | TPP(Thiamine Pyrophosphate)<br>벤포티아민(Benfotiamine)*<br>푸르설티아민(Fursultiamine)*<br>비스벤티아민(Bisbentiamine)* |
| 비타민 B2 | 리보플라빈(Riboflavin) | 리보플라빈포스페이트<br>(Riboflavine-5-Phosphate) |
| 비타민 B5 | 판토텐산(Pantothenic acid) | 판테틴(Pantethine) |
| 비타민 B6 | 피리독신 염산염(Pyridoxine HCl) | 피리독설포스페이트(Pyridoxal-5-Phosphate) |
| 비타민 B9 | 엽산(Folic acid) | 메틸테트라히드로폴레이트<br>(5-Methyltetrahydrofolate, 5-MTHF) |
| 비타민 B12 | 시아노코발라민(Cyanocobalamin) | 히드록소코발라민(Hydroxocobalamin)<br>메틸코발라민(Methylcobalamin)<br>아데노실코발라민(Adenocylcobalamin) |

비타민 B군의 활성형 & 비활성형 분류표

\* 벤포티아민, 푸르설티아민, 비스벤티아민은 흡수가 잘되는 개량된 비타민으로, 엄밀히는 활성형 비타민이 아니지만 편의상 활성형으로 분류

\* 비타민 B3(니아신), 비타민 B7(비오틴)은 성분은 활성형 원료가 따로 없음

❷ **국내 제품과 동일한 기준으로 함량을 체크하세요.**

함량은 국내 비타민제와 동일한 기준으로 결정할 수 있습니다. 일반적으로 위장이 약한 분께는 50mg 이하의 제품을, 최고 함량의 제품을 원하는 분께는 100mg를 기준으로 맞춰진 제품을 권해드립니다.

# Supplement Facts

Serving Size 1 Capsule
Servings Per Container 100

|  | Amount Per Serving | % DV |
|---|---|---|
| Vitamin B1 (as Thiamin Mononitrate) | 25mg | 2,080% |
| Vitamin B2 (as Riboflavin) | 25mg | 1,920% |
| Niacin (as Nicotinic Acid) | 25mg | 160% |
| Vitamin B6 (as Pyridoxine HCl) | 25mg | 1,470% |
| Vitamin B6 (as Pyridoxal 5-Phosphate) | 10mg | 590% |
| Folate (as Quatrefolic 5-Methyltetrahydrofolate) | 400mcg DFE † | 100% |
| Vitamin B12 (as Methylcobalamin) | 100mcg | 4,170% |
| Biotin | 300mcg | 1,000% |
| Vitamin B5 (as Calcium D-Pantothenate) | 100mg | 2,000% |
| Choline (as Choline Bitartrate) | 50mg | 10% |
| Pantethine (Vitamin B5 Derivative) | 25mg | + |
| Inositol | 50mg | ++ |

+ Dietary Folate Equivalents.
++ Daily Value not established.

해외 비타민 B군 제품의 라벨 예시

25mg을 기준으로 비교적 낮은 함량으로 구성된 비타민 B군 제품으로,
비타민 B6과 비타민 B12가 활성형으로 포함되어 있는 것이 눈에 띕니다.
활성형 비타민을 체험하고 싶으며 위장 장애가 적은 제품을 찾는 분께 적합한 제품입니다.

☑ **해외 비타민 B군 CHECK POINT**
- 직구 비타민제를 고를 때는 반드시 활성형 비타민 여부를 확인 하세요.
- 함량은 국내 제품과 같은 기준으로 고르세요.

좋은 비타민 B군 제품과 피로 회복에 좋은 추천 영양제가 궁금하다면?
QR코드를 통해 유튜브 동영상을 확인하세요!

## 종합비타민

종합비타민(Multi-Vitamin)은 8종류의 비타민 B군 외에도, 인체의 기능에 필수적인 다양한 비타민과 미네랄로 구성된 비타민제입니다. 비타민 B군 제품보다 다양한 영양소를 공급할 수 있으나, B군의 함량은 비교적 적은 편입니다. 평소에 과일이나 채소를 잘 섭취하지 않는 등 식습관이 좋지 않은 분께 적합한 제품입니다.

"종합비타민은 영양 섭취가 불균형한 사람에게 적절한 선택입니다."

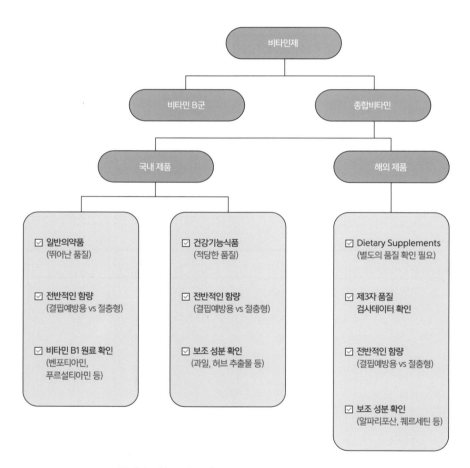

시중에서 구할 수 있는 종합비타민 제품의 종류와 주요 체크포인트

# 국내 제품을 구매하는 경우

## ❶ 일반의약품 VS 건강기능식품

종합비타민은 비타민 B군과 마찬가지로 건강기능식품과 일반의약품, 두 분류의 종합비타민을 모두 만날 수 있습니다. 피로 회복을 목표로 한다면 고흡수 티아민을 함유한 일반의약품 종합비타민이 낫지만, 건강기능식품에는 과일이나 채소, 허브 등의 성분이 부원료로 배합된 제품도 있어 다양한 식물성 원료를 함께 섭취할 수 있다는 장점이 있습니다. 피로 회복에 초점이 맞춰진 종합비타민을 찾는다면 일반의약품을, 다양한 성분 공급을 시도한다면 건강기능식품을 선택하세요.

## ❷ 국내의 품질 좋고 코팅된 정제 비타민인지 확인하세요.

해외의 종합비타민을 구매했는데 냄새가 갈수록 심해지고, 색상이 처음과 달라졌다는 후기를 쉽게 찾을 수 있습니다. 비타민은 열과 온도, 습기에 취약해 쉽게 변질됩니다. 종합비타민은 품질이 우선입니다. 비타민을 제대로 섭취하려면 반드시 품질이 보장된 제품을 선택해야 합니다. 해외의 제품보다는 국내 제품으로, 가능하면 일반의약품으로 허가된 제품을 복용하세요. 일반의약품 비타민제는 유효기간 동안의 품질을 가장 높은 수준으로 보장합니다.

만약 어쩔 수 없이 해외의 제품을 구매해야 한다면, 반드시 ConsumerLab이나 Labdoor와 같은 제3자의 품질 검사 기관으로부터 테스트를 통과한 제품을 선택하세요. 그리고 캡슐보다는 코팅된 정제 형태의 비타민이 품질 유지에 유리합니다.

## ❸ 영양소 결핍 상황에 따라 제품을 선택하세요.

극단적인 영양소 결핍을 해결하려면 성분 구성이 최대한 다양한 종합비타민을, 적당한 영양소 공급과 피로 회복을 동시에 누리려면 절충형 종합비타민을 선택하세요. 영양소 결핍의 해결을 목적으로 출시된 고전적인 종합비타민제는, 다양한 종류의 비타민과 미네랄을 1일 권장량 수준의 적은 함량으로 함유하는 것이 특징입니다. 한편 최근에는 피로 회복 효과를 높이기 위해 미네랄의 종류를 줄이는 대신, 비타민 B군의 함량을 증량한 절충형 종합비타민 제품도 있습니다.

절충형 종합비타민은 최고 함량의 비타민 B군 제품만큼은 아니지만, 30~50mg 수준의 적지 않은 B군 비타민을 제공하는 동시에 다양한 종류의 비타민과 미네랄을 함유하고 있는 것이 특징입니다. 장기간 식사를 제대로 못하거나 질환으로 인해 심한 영양 결핍이 우려되는 분이 아니라면, B군의 함량이 어느정도 유지되면서 구성이 다양한 절충형 종합비타민이 나은 선택입니다.

## 일반의약품 정보

**이 약을 사용하기 전 반드시 첨부문서를 확인하세요.**

### 【유효 성분】

| | |
|---|---|
| 레티놀아세테이트(비타민A로서 900IU)(EP) | 1.8mg |
| 베타카로틴20%과립(베타카로틴으로서 0.72mg)(별규) | 3.6mg |
| 티아민질산염(KP) | 2.775mg |
| 리보플라빈(KP) | 2.4mg |
| 니코틴산아미드(KP) | 27mg |
| 판토텐산칼슘(판토텐산으로서 9mg)(KP) | 9.813mg |
| 피리독신염산염(KP) | 4.02mg |
| 비오틴(USP)(비오틴으로서 60μg) | 0.06mg |
| 폴산(KP) | 0.4mg |
| 시아노코발라민1000배산(시아노코발라민으로서 6μg)(KP) | 6mg |
| 아스코르브산97%과립(아스코르브산으로서 60mg)(별규) | 61.85mg |
| 콜레칼시페롤과립(비타민D로서 750IU)(별규) | 7.5mg |
| 토코페롤아세테이트 2배산(비타민E로서 30IU)(KP) | 60mg |
| 피토나디온5%(비타민K로서 97.5μg)(별규) | 1.95mg |
| 오로트산수화물(KP) | 10mg |
| 우르소데옥시콜산(KP) | 10mg |
| 콜린타르타르산염(USP) | 10mg |
| 무수인산수소칼슘(칼슘으로서 124.175mg)(KP) | 421.54mg |
| 산화마그네슘(마그네슘으로서 50mg)(KP) | 82.92mg |
| 황산칼륨(칼륨으로서 40mg)(KP) | 89.15mg |
| 푸마르산철(철로서 18mg)(KP) | 54.76mg |
| 산화아연(아연으로서 7.5mg)(KP) | 9.33mg |
| 황산망간(망간으로서 2.5mg)(USP) | 7.69mg |
| 황산제이구리수화물(구리로서 0.45mg)(USP) | 1.76mg |
| 요오드화칼륨(요오드로서 75μg)(USP) | 0.098mg |
| 셀레늄가루0.1%(셀레늄으로서 29.5μg)(KP) | 29.5mg |
| 몰리브덴산나트륨(몰리브덴으로서 20μg)(EP) | 0.051mg |
| 염화크롬수화물(크롬으로서 20μg)(USP) | 0.102mg |

결핍을 막기 위한 종합비타민 제품의 예시

비타민부터 미네랄까지 가장 다양한 종류를 함유하고 있으나, 각각의 함량은 낮은 수준입니다.

# 일반의약품 정보

**이 약을 사용하기 전 반드시 첨부문서를 확인하세요.**

## 【유효 성분】

B-카로틴20%과립(β-카로틴으로서 5mg) ································· 25.0mg

농축콜레칼시페롤 산(비타민D)(비타민 D로서 400IU) ··············· 4.0mg

**토코페롤아세테이트**2배산(토코페롤아세테이트로서 10IU) ········· 20.0mg

벤포티아민(비타민B1)(티아민염산염으로서25.31mg ················· 35.0mg

리보플라빈(비타민B2) ············································· 30.0mg

피리독신염산염(비타민B6) ········································· 30.0mg

시아노코발라민100배산(비타민B12)(시아노코발라민으로서 50μg) ··· 5.0mg

아스코르브산과립97%(**비타민C**)(아스코르브산으로서 50mg) ······ 51.5mg

판토텐산칼슘(비타민B5) ··········································· 30.0mg

니코틴산아미드(비타민B3) ········································· 30.0mg

D-비오틴1%(비타민B)(비오틴으로서 0.1mg) ······················· 10.0mg

**폴산**(비타민B9) ··················································· 0.2mg

인산수소칼슘수화물(칼슘으로서 50mg, 인으로서 38.7mg) ·········· 214.7mg

**산화마그네슘(Mg)**(마그네슘으로서 25mg) ························· 41.5mg

**황산망간일수화물(Mn)**(망간으로서 5mg) ·························· 15.4mg

몰리브덴함유건조효모(Mo)(몰리브덴으로서 5μg) ··················· 2.5mg

셀레늄함유건조효모(Se)(셀레늄으로서 25μg) ······················ 46.3mg

산화아연(Zn)(아연으로서 15mg) ···································· 18.7mg

이노시톨(비타민B) ················································· 30.0mg

콜린타르타르산염(비타민B) ········································· 30.0mg

우르소데옥시콜산 ·················································· 10.0mg

콘드로이틴설페이트나트륨 ·········································· 20.0mg

절충형 종합비타민 제품의 라벨 예시

비타민 B군(벤포티아민부터 폴산까지)의 함량을 전반적으로 30mg 내외로 갖추면서
비타민 A(β-카로틴)과 비타민 E(토코페롤), 비타민 C, 칼슘, 마그네슘, 망간 등
다양한 영양제를 고루 갖추고 있습니다.

---

☑ **국내 종합비타민 CHECK POINT**

- 일반의약품은 피로 회복에, 건강기능식품은 다양한 성분 공급에 유리합니다.
- 코팅된 정제 형태의 품질 좋은 국내 제품을 추천합니다.
- 목적에 따라 고전적 종합비타민과 절충형 종합비타민 중 선택하세요.

# 해외 제품을 구매하는 경우

**❶ 종합비타민을 직구할 때는 특히 품질에 유의하세요.**

해외 영양제를 직구하는 경우 어떤 성분이든 당연히 품질이 검증된 제품을 구매해야 합니다만, 종합비타민은 특히 품질에 주의해야 합니다. ConsumerLab이나 Labdoor와 같은 품질 평가 웹사이트의 데이터를 보면 유독 종합비타민에서 함량이 라벨에 기재된 것과 다르게 검출되는 경우가 많습니다. 다양한 성분이 배합되는 것이 원인인 것으로 추정되며, 반드시 품질이 확인된 제품을 섭취하기 바랍니다.

**❷ 활성형 성분이 포함된 제품으로 구매하세요.**

다양한 활성형 성분을 만나볼 수 있다는 점은 직구 비타민의 거의 유일한 장점입니다. 최대한 다양한 활성형 비타민이 포함된 제품을 선택하세요. 활성형 여부는 비타민 B군만 확인하면 됩니다. 70p의 비타민 B군의 해외 제품 구매법을 참고하세요.

**❸ 국내에서는 찾기 어려운 보조 성분이 어떤 종류로 포함되어 있는지 확인하세요.**

국내의 종합비타민에는 잘 포함되지 않는 루테인, 알파리포산, 쿼르세틴과 같은 보조 성분을 해외의 비타민제에서 종종 발견할 수 있습니다. 우선 전반적인 함량이 낮은 고전적 종합비타민제인지, 아니면 B군의 함량이 강화된 절충형 종합비타민제인지 먼저 확인한 후, 보조 성분을 비교해 구매하세요. 보조 성분이 제품의 우열을 좌우할 수는 없습니다만, 제품별로 달리 가지고 있는 특색을 비교하는 것도 해외 제품 선택의 묘미가 될 수 있습니다.

# Supplement Facts

**Serving Size 2 tabets**
**Servings Per Container 60**

| | Amount Per Serving | % DV |
|---|---|---|
| Vitamin A(as beta carotene, retinyl palmitate, natural mixed carotenoids) | 3,000mcg (10,000 I.U.) | 333% |
| Vitamin C (as calcium ascorbate, ascorbyl palmitate) | 300mg | 333% |
| Vitamin D (D3) (as cholecalciferol) | 5mcg (200 I.U.) | 25% |
| Vitamin E (as d-alpha tocopheryl acid succinate) | 18.7mg (27.9 I.U.) | 125% |
| Vitamin K (as phytonadione) | 50mcg | 42% |
| Thiamin (vitamin B1) (as thiamine hydrochloride, thiamine cocarboxylase chloride) | 25mg | 2,083% |
| Riboflavin (vitamin B2) (as riboflavin, riboflavin 5' phosphate) | 25mg | 1,923% |

| | | |
|---|---|---|
| Niacin (as niacinamide, niacin, inositol hexanicotinate) | 100mg | 625% |
| Vitamin B6(as pyridoxine hydrochloride, pyridoxal 5' phosphate) | 8.5mg | 500% |
| Folate (as (6S)-5-Methyltetrahydrofolate,-glucosamine salt) | 200mcg DFE (120mcg (6S)-5-Methyltetrahydrofolate) | 50% |
| Vitamin B12 (as methylcobalamin) | 24mcg | 1.000% |
| (…) | | |
| Heart Blend | 110mg | + |
| Prividing : Eleuthero Extract (Eleutherococcus senticosus) (root) (0.8 eleutherosides) Aztec Marigold Extract (flower) (10% lutein esters) | 100mg | + |
| Inositol (as inositol, inositol hexanicotinate) Saw Palmetto Extract (berry) (45% fatty acids equal to 22.5mg) | 100mg | + |
| Grape Extract (seed and pomace) (50% polyphenols equal to 25mg including proanthocyanidins) | 50mg | + |
| Betaine (from 20mg betaine hydrochloride) | 15.2mg | + |
| Lycopene | 2mg | + |
| + Daily Value not established. | | |

해외 직구 종합비타민의 예시

거의 모든 비타민 B군에 활성형 성분이 포함되어 있고, 보조 성분으로 각종 항산화, 항염증 관련 성분이 배합된 것을 볼 수 있습니다.

☑ 해외 종합비타민 CHECK POINT

• 종합비타민을 직구할 때는 품질에 특히 주의하세요.
• 활성형 성분이 다양한 제품을 구매하세요.
• 해외 종합비타민의 특성인 보조 성분을 체크하세요.

좋은 종합비타민 제품과 피로 회복에 좋은 추천 영양제가 궁금하다면?
QR코드를 통해 유튜브 동영상을 확인하세요!

## 비타민 C

비타민 C는 혈관을 보호하고 면역 기능을 개선하는 데 좋은 효과를 나타내는 필수 영양소로, 항산화 작용이 뛰어나면서도 가격이 저렴해 누구나 부담 없이 섭취할 수 있습니다. 약국에서 판매되는 의약품 비타민 C를 우선 선택하되, 건강기능식품이나 해외 직구를 통해 다른 성분과 복합된 제품이나 위장 부담이 줄고 흡수율이 개선된 제품을 구매할 수 있습니다.

"비타민 C는 일반의약품 제품이 최우선입니다."

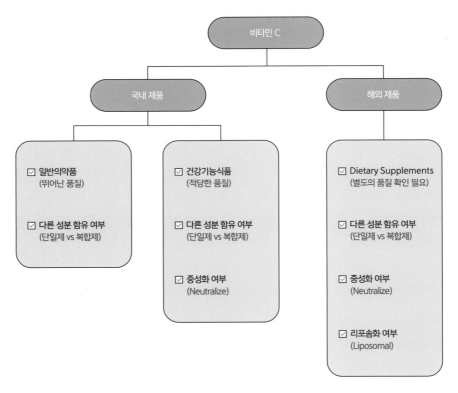

시중에서 구할 수 있는 비타민 C 제품의 종류와 주요 체크포인트

## 국내 제품을 구매하는 경우

**❶ 비타민 C의 공급만이 목적이라면 일반의약품 제품이 최우선입니다.**

    우리나라에서는 건강기능식품뿐 아니라 일반의약품 등급의 비타민 C도 구매할 수 있습니다. 성분 구성은 건강기능식품이 더 다양하지만, 일반의약품 제품이 더 높은 수준으로 품질 관리가 이루어집니다. 일반의약품 비타민 C는 가격도 상당히 저렴하기 때문에 비타민 C만의 섭취가 목적이라면 일반의약품 등급으로 구매하는 것이 가장 좋은 선택입니다.

케이스에 '일반의약품'이라고 표기되어 있는지 확인하세요.

**❷ 다른 어떤 성분이 복합되어 있는지 확인하세요.**

    대다수의 건강기능식품 비타민 C 제품에는 비타민 C 외에도 건강에 도움이 되는 다른 다양한 성분이 함유되어 있습니다. 제품의 목적에 따라 면역 기능에 도움이 되는 비타민 D, 아연이 함께 배합되거나, 또는 피부 개선 목적으로 콜라겐이나 히알루론산이 복합된 제품도 있습니다. 다양한 영양분을 섭취하려면 건강기능식품의 비타민으로 본인의 복용 목적에 맞는 제품을 선택하면 됩니다.

**❸ 비타민 C가 속에 부담되는 경우 중성화된 제품을 선택하세요.**

    비타민 C 특유의 위장 장애를 줄이기 위해 비타민 C의 산도(Acidity)를 낮춘 제품이 있습니다. 이런 제품을 흔히 '중성화된 비타민 C'라고 부르며, 비타민 C를 섭취할 때 속쓰림이나 설사 등의 부작용이 나타나는 일부 사람에게는 이렇게 중성화되어 나오는 비타민 C가 더 좋은 선택입니다. 다만 가격이 훨씬 비싸고, 다른 보조적인 성분 배합을 찾기 어렵습니다. 그리고 중성화된 비타민 C는 건강기능식품으로만 만날 수 있습니다.

> ☑ **국내 비타민 C CHECK POINT**
> - 품질은 국내의 일반의약품 비타민 C가 가장 뛰어납니다.
> - 다양한 성분이 복합된 제품이나 중성화된 제품을 찾는다면 건강기능식품으로 구매하세요.

## 해외 제품을 구매하는 경우

**❶ 서방형 제품은 자주 섭취하기 번거로운 분에게 적합합니다.**

비타민 C는 우리 몸에서 아주 빠르게 배출되기 때문에, 혈중 비타민 C의 농도를 유지하려면 6시간 이하의 간격으로 반복 섭취해야 합니다. 기술적으로 이러한 한계를 극복한 제품이 바로 서방형(Sustained Release) 비타민C입니다. 서방형 알약은 우리 몸에서 주성분을 천천히 방출하여 우리 몸에서 주성분이 더 오래 유지되도록 도와줍니다. 이 기술이 적용된 비타민 C는 자주 섭취하지 않아도 혈중 비타민 C의 농도를 유지할 수 있습니다. 가격대비 효용은 크지 않으나, 비타민 C를 자주 섭취하기 불편한 분이라면 시도해 볼 만한 제품입니다. 그러나 이런 서방형 제품은 우리나라에선 구하기 어렵습니다. 필요한 경우 서방형 비타민을 검색하여 직구하세요.

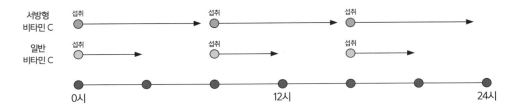

비타민 C의 종류별 지속 시간의 도식도

서방형 비타민 C는 적은 빈도로 섭취해도 몸 속에서 더 오래 지속됩니다.

**❷ 위장이 예민한 사람이라면 중성화된 제품을 선택하세요.**

해외에는 다양한 종류의 중성화된 비타민 C를 판매하고 있습니다. 중성화된 비타민 제품의 라벨에는 대부분 'Ester-C'라는 명칭이나 'Neutral' 또는 'Non-acidic'이라는 표현이 기재되어 있습니다. 위가 예민한 분이라면 중성화된 제품을 구매하세요.

# Supplement Facts

**Serving Size 1 Capsule**

| | Amount Per Serving | % DV |
|---|---|---|
| Vitamin C (as **Ester-C®** calcium ascorbate) | 500mg | 556% |
| Citrus Bioflavonoid Complex | 25mg | + |
| Acerola Extract (Malpighia glabra) (fruit) | 10mg | + |
| Rose Hips (fruit) | 10mg | + |
| Rutin | 10mg | + |
| + Daily Value not established. | | |

위장 부담이 적은 제품을 찾는다면 Ester-C® 표기 여부를 확인하세요.

## ❸ 흡수가 잘되는 리포조멀 비타민 C, 그 이점은 아직 미지수입니다.

약물을 수송체에 감싸 부작용을 줄이고 흡수율을 높이는 리포좀(Liposome) 기술이 적용된 리포조멀 비타민 C를 해외에서는 쉽게 만날 수 있습니다. 비타민 C는 함량이 높을수록 흡수 효율이 크게 떨어지지만, 리포좀을 통해 2,000mg 이상의 고함량도 높은 효율로 흡수할 수 있습니다. 단, 이렇게 높은 함량의 비타민 C가 우리에게 굳이 필요한지 여전히 논란이 많고, 같은 이유로 리포조멀 비타민 C 역시 그 이점이 아직 명확하지 않습니다.

> ☑ 해외 비타민 C CHECK POINT
> - 해외에는 더 다양한 종류의 비타민 C가 있습니다.
> - 영양제를 자주 섭취하기 불편한 경우 서방형 비타민을 추천합니다.
> - 위장 장애를 줄이려면 Ester-C라고 적힌 중성화 제품을 추천합니다.
> - 부작용도 적고 흡수가 잘되는 제품을 원하면 리포조멀 비타민 C를 섭취하세요.

좋은 비타민 C 제품과 면역력에 좋은 추천 영양제가 궁금하다면?
QR코드를 통해 유튜브 동영상을 확인하세요!

## 비타민 D

비타민 D는 우리 몸의 칼슘 대사와 정상적인 면역 기능에 가장 중요한 성분입니다. 사람은 햇볕을 피부에 노출시켜 비타민 D를 합성할 수 있으나, 야외 활동이 적은 현대인, 특히 직장인에게는 상당히 높은 빈도로 비타민 D의 결핍이 나타납니다. 비타민 D는 제품의 퀄리티 차이가 크지 않으므로 함량에 집중해서 선택하는 것이 중요합니다.

"비타민 D는 함량에 집중해서 선택하세요."

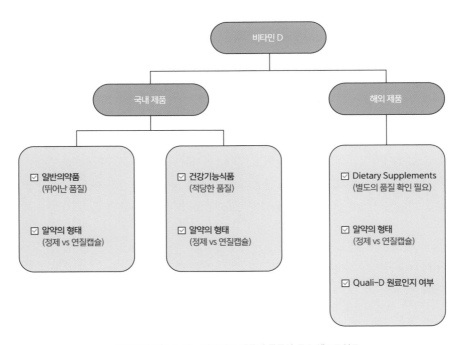

시중에서 구할 수 있는 비타민 D 제품의 종류와 주요 체크포인트

## 국내 제품을 구매하는 경우

**❶ 비타민 D도 일반의약품이 품질이 가장 뛰어납니다.**

대부분의 비타민 D는 건강기능식품으로 출시되고 있으나, 일반의약품으로 분류되는 비타민 D도 일부 약국에서는 취급하고 있습니다. 일반의약품 제품이 품질이 가장 뛰어나기 때문에 높은 품질의 제품을 원하시면 일반의약품 제품을 선택하는 것이 좋으나, 제품을 구하기 어려운 경우 건강기능식품 제품으로도 양질의 비타민 D를 공급할 수 있습니다.

**❷ 연질캡슐로 된 비타민 D가 더 낫습니다.**

비타민 D는 지용성 비타민으로 다른 지방 성분과 함께 섭취해야 더 효율적으로 흡수할 수 있습니다. 따라서 비타민 D는 캡슐 안에 다른 기름 성분을 통해 이미 유화되어 있는, 연질캡슐로 된 제품을 선택하는 것이 흡수에 더 유리합니다. 현재 대부분의 비타민 D는 연질캡슐로 제조되고 있지만, 일부는 여전히 정제로 출시가 되고 있어 제품의 라벨을 통해 어떤 제형인지 확인하시기 바랍니다.

정제 예시

연집캡슐 예시

**❸ 비타민 $D_3$가 가장 좋은 형태의 비타민 D 영양제입니다.**

비타민 D 영양제는 주로 비타민 $D_2$(에르고칼시페롤)와 비타민 $D_3$(콜레칼시페롤) 두 가지 형태의 원료 중 한 가지를 함유하고 있는데, 비타민 $D_3$가 혈중 비타민 D의 수치를 개선하는 효능에서는 비타민 $D_2$보다 더 효율적입니다. 이미 거의 모든 영양제가 비타민 $D_3$를 함유하고 있으나, 혹시 모르니 라벨을 통해 비타민 $D_3$ 원료의 함유 여부를 확인하세요.

---

☑ **국내 비타민 D CHECK POINT**

- 품질을 중요시한다면 일반의약품이 나으나, 건강기능식품 비타민 D도 무난한 선택입니다.
- 연질캡슐로 된 제품이 흡수에 유리합니다.
- 비타민 $D_3$ 제품을 선택하세요..

## 해외 제품을 구매하는 경우

**❶ 비타민 D를 직구할 경우 가능하면 Quali-D 원료 제품을 구매하세요.**

해외 영양제의 경우 원료의 사용 폭이 넓고 품질 관리 규제가 까다롭지 않아 믿을 만한 원료가 사용된 제품을 고르는 편이 좋습니다. 비타민 D는 Quali-D라는 아주 잘 알려진 원료가 있으므로 Quali-D 원료 여부를 확인하세요. 직구를 하는 경우 제품의 품질에 관한 자료를 찾기 어렵다면, 이 원료가 사용된 비타민 D 제품을 선택하는 것을 권해드립니다.

Quali-D 제품은 케이스에 이런 모양의 마크가 새겨져 있습니다.

**❷ 연질캡슐과 비타민 D₃ 여부를 확인하세요.**

기본적인 선택 방법은 국내 제품과 동일합니다. 국내 제품을 선택하는 경우와 마찬가지로 연질캡슐로 제조된, 비타민 D₃를 함유하는 제품을 선택하는 것이 좋습니다.

☑ **해외 비타민 D CHECK POINT**
- 비타민 D를 직구하는 경우 가능하면 Quali-D 원료가 사용된 제품으로 구매하세요.
- 기본적인 선택 방법은 국내 제품과 동일합니다.

좋은 비타민 D 제품과 면역력에 좋은 추천 영양제가 궁금하다면?
QR코드를 통해 유튜브 동영상을 확인하세요!

## 마그네슘

마그네슘은 정상적인 근육과 신경 기능에 필수적인 성분으로, 서구화된 식단으로는 충분한 공급이 어려워 의외로 쉽게 결핍되는 영양소입니다. 우리나라의 경우 근육 경련, 하지 부종과 같은 혈액 순환을 개선하기 위한 복합 성분의 의약품 마그네슘이 주축을 이루고 있고, 해외에는 흡수율이 개선된 킬레이트 마그네슘이 인기를 끌고 있습니다. 섭취하는 목적에 따라 선택하기 바랍니다.

"섭취 목적에 맞는 마그네슘을 선택하세요."

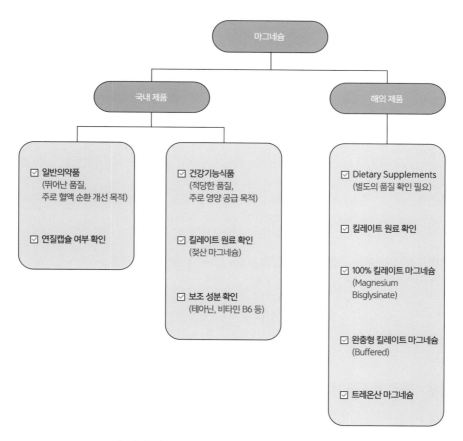

시중에서 구할 수 있는 마그네슘 제품의 종류와 주요 체크포인트

# 국내 제품을 구매하는 경우

**❶ 일반의약품 제품은 혈액 순환 개선, 건강기능식품은 영양소 공급이 주목적입니다.**

우리나라에서 널리 복용하는 마그네슘은 혈액 순환제 목적의 일반의약품 제품입니다. 함량이 높아 마그네슘의 보충 목적으로도 뛰어나고, 하지부종이나 근육 결림에 뛰어난 효과를 나타냅니다. 단, 마그네슘뿐 아니라 혈액 순환을 위한 비타민 등 다른 성분이 추가된 복합제가 많아서, 다른 영양제를 복용 중이라면 중복으로 인한 과다 복용에 주의해야 합니다.

한편 건강기능식품 마그네슘은 대부분 칼슘, 마그네슘, 그리고 비타민 D가 복합된 통칭 '칼마디' 제품이라하는데, 일부 제품은 신경 기능에 초점이 맞춰져 마그네슘에 비타민 B6이나 테아닌이 배합된 구성을 보이고 있습니다. 건강기능식품 마그네슘은 대부분 칼마디 제품이기 때문에 칼슘 보충이 불필요한 사람은 칼슘이 제외된 제품을 선택하세요.

---

**🙆 약사의 TIP**

칼슘 영양제 섭취는 신중하게 결정하세요.
칼슘은 뼈 건강에 필수적인 성분으로 많은 고령자께서 습관처럼 칼슘 영양제를 복용하고 있으나, 대규모의 임상 시험에서 고함량의 칼슘 영양제가 심혈관계 질환의 발병률을 높이는 것으로 나타났습니다. 칼슘은 식사로 섭취하는 것이 가장 바람직하며, 칼슘 영양제는 의학적으로 칼슘의 보충이 필요한 것을 진단받은 경우가 아니라면, 식사로 섭취하지 못하는 양만큼만 영양제로 추가하기를 권해 드립니다. 이와 같은 이유로 이 책에서는 칼슘 영양제에 대해 자세히 다루지 않습니다.

---

**❷ 일반의약품 마그네슘을 고를 경우 연질캡슐로 제조된 것을 선택하세요.**

산화 마그네슘은 부피가 작다는 것이 장점이나, 흡수율이 낮고 설사와 같은 위장 장애가 쉽게 일어나는 원료입니다. 혈액 순환제로 나오는 일반의약품의 경우 대부분 산화 마그네슘이 포함되어 있으므로, 흡수율이 개선된 연질캡슐로 제조된 제품을 선택하는 편이 좋습니다.

**❸ 마그네슘 섭취가 목적이라면 젖산 마그네슘이 함유된 것을 선택하세요.**

건강기능식품에는 젖산 마그네슘이라는 킬레이트 마그네슘이 함유된 제품이 있어, 혈액 순환 목적이 아닌 스트레스 완화 등 마그네슘 고유의 효과에 집중하려면 젖산 마그네슘이 들어있는 건강기능식품을 선택하는 것이 유리합니다.

| 원료명 및 함량 | 산화마그네슘, **젖산마그네슘**, 비타민B6염산염, 글루콘산마그네슘, 결정셀룰로스, 분말결정포도당, 히드록시프로필메틸셀룰로스, 스테아린산마그네슘, 카복시메틸셀룰로스칼슘, 착색료(이산화티타늄), 글리세린지방산에스테르 |
| --- | --- |

제품 상세 정보란의 '원료명 및 함량'에서 젖산 마그네슘 포함 여부를 확인할 수 있습니다.
단 정확한 용량은 대부분 표기되어 있지 않습니다.
건강기능식품의 원료는 함량이 많이 포함된 순서로 기재되어 있으므로,
젖산 마그네슘이 첫번째나 두번째 순서로 기재된 제품을 선택하세요.

☑ **국내 마그네슘 CHECK POINT**
- 혈액 순환 개선 목적으로는 일반의약품의 연질캡슐 복합제를 선택하세요.
- 마그네슘 고유의 효과가 목적이라면 젖산 마그네슘이 함유된 건강기능식품을 제품을 선택하세요.

## 해외 제품을 구매하는 경우

### ❶ 마그네슘 글리시네이트와 구연산 마그네슘을 기억하세요.

해외에서는 성분이 쉽게 흡수되도록 보조 물질을 결합한 킬레이트 마그네슘을 쉽게 구할 수 있습니다. 대표적인 성분은 마그네슘 글리시네이트(Magnesium Glycinate)와 구연산 마그네슘(Magnesium Citrate)으로, 부작용이 적고 흡수율이 높아 마그네슘 보충 목적으로는 가장 좋은 선택입니다. 다만 하루에 여러 알을 섭취해야 한다는 점은 불편할 수 있습니다.

### ❷ 완충형 킬레이트 마그네슘 제품도 고려하세요.

어떤 제품은 '완충형(Buffered)' 킬레이트 마그네슘으로, 마그네슘 글리시네이트와 산화 마그네슘이 혼합된 구성을 보이기도 합니다. 흡수율은 마그네슘 글리시네이트만 100%를 함유하는 제품이 더 나으나, 산화 마그네슘이 혼합되면 부피가 훨씬 작아져 복용해야 하는 알약의 개수가 줄고, 속쓰림 부작용의 발생 빈도를 줄일 수 있고, 더 저렴합니다. 완충형 킬레이트 마그네슘도 좋은 선택입니다.

마그네슘 글리시네이트(Magnesium Bisglycinate Chelate)와 산화 마그네슘(Magnesium Oxide)이 혼합된 제품

가격이 저렴해 저가형으로 오해하는 성분이지만, 나름의 장점이 있는 성분입니다.

❸ **트레온산 마그네슘은 두뇌 관련 효과가 더 뛰어날 수 있으나 근거는 명확하지 않습니다.**

일부 제품은 트레온산 마그네슘(Magnesium-L-Threonate) 성분을 함유하고 있습니다. 트레온산 마그네슘이란 킬레이트 마그네슘의 일종으로, 두뇌에 흡수가 잘되어 수면의 질이나 신경 안정에 일반적인 마그네슘보다 더 높은 효과를 기대할 수 있는 것으로 알려져 있습니다. 하지만 트레온산 마그네슘은 훨씬 비싸고, 제조사에서 주장하는 효과에 관해 아직 견고한 근거가 마련되지 않았습니다. 아직은 '혹시 모르니' 한 번쯤 시도해 볼 만한 성분입니다.

☑ **해외 마그네슘 CHECK POINT**
- 마그네슘 글리시네이트 성분이 가장 일반적이고 효율이 좋은 성분입니다.
- 완충형 킬레이트 마그네슘 제품 선택도 고려하세요
- 트레온산 마그네슘은 두뇌로 흡수가 잘되나 그 효과에 대해서는 아직 근거가 부족합니다.

좋은 마그네슘 제품과 피로 회복에 좋은 추천 영양제가 궁금하다면?
QR코드를 통해 유튜브 동영상을 확인하세요!

아연은 정상적인 면역 기능과 호르몬 생성에 중요한 역할을 하는 미네랄로, 섭취 시 체감 효과가 뛰어나 영양제 중에서도 인기 있는 성분입니다. 특히 운동이나 업무로 평소에 땀을 많이 흘리는 사람은 아연의 손실이 쉽기 때문에 더 많은 양을 섭취해야 합니다. 남성 기능 영양제로도 유명하지만 관련된 효능에 관해서는 더 많은 연구가 필요합니다. 하지만 식단을 통한 아연의 섭취가 부족한 경우 상당한 체감 효과를 기대할 수 있습니다. 아연은 원료에 따라 흡수율이 다르지만 그 차이의 폭이 크지 않으므로 제품의 분류와 용량에 초점을 맞춰서 선택하기 바랍니다.

"아연은 제품의 분류와 용량이 관건입니다."

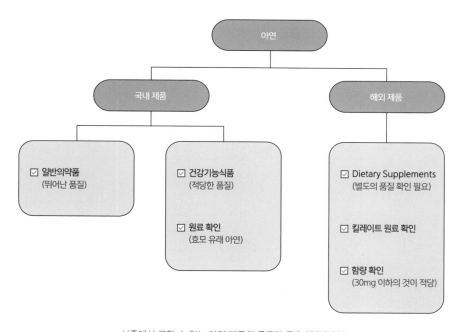

시중에서 구할 수 있는 아연 제품의 종류와 주요 체크포인트

# 국내 제품을 구매하는 경우

## ❶ 일반의약품은 품질이, 건강기능식품은 가성비가 장점입니다.

우리나라에서 아연은 일반의약품과 건강기능식품 두 가지 분류로 모두 만나볼 수 있습니다. 일반의약품 아연 단일제는 히스티딘이라는 아미노산으로 킬레이트되어 부작용 우려가 적고 흡수율이 높아, 품질의 관점에서는 가장 뛰어난 제품입니다. 하지만 가격이 상당히 비싸다는 점을 고려해야 합니다. 한편 건강기능식품 아연에는 다양한 원료의 제품이 시중에 있고, 일반의약품 아연보다는 흡수율이 떨어지나 가격이 훨씬 저렴하다는 장점이 있습니다. 품질은 일반의약품, 가성비는 건강기능식품을 고르세요.

## ❷ 건강기능식품 아연은 효모 유래 아연이 좋은 선택입니다.

일반의약품 아연은 현재 히스티딘 아연 외에는 판매되는 단일제가 없으나, 건강기능식품 아연은 글루콘산 아연, 황산 아연, 건조 효모 유래 아연 등 다양한 원료의 제품을 만날 수 있습니다. 건강기능식품 중에 아연을 선택하자면, 흡수율이 비교적 높은 것으로 알려진 효모 유래 아연을 시도해보기 바랍니다.

| 원료명 및 함량 | 건조효모(아연), 결정셀룰로스, 유당혼합분말(유당, 덱스트린), 해조분말(칼슘), 스테아린산마그네슘, 히드록시프로필셀룰로스, 히드록시프로필메틸셀룰로스, 이산화규소, 글리세린지방산에스테르 |
|---|---|

제품 상세 정보란의 '원료명 및 함량'에서 아연의 효모 유래 여부를 확인할 수 있습니다.

---

☑ **국내 아연 CHECK POINT**

- 일반의약품으로 나오는 고품질의 아연이 있으나 가격이 만만치 않습니다.
- 건강기능식품 아연은 가성비가 좋고 종류가 다양합니다.
- 건강기능식품으로 구매한다면 효모 유래 아연에 주목하세요.

## 해외 제품을 구매하는 경우

**❶ 킬레이트 원료를 확인하세요.**

해외에서 판매되는 아연 중 가장 흔히 찾을 수 있는 원료는 글루콘산 아연(Zinc Gluconate)과 피콜린산 아연(Zinc Picolinate)로, 피콜린산 아연이 글루콘산 아연보다 흡수가 더 잘되는 것으로 알려져 있고, 가격도 조금 더 비쌉니다. 가성비가 좋은 성분을 원하시면 글루콘산 아연으로, 조금 더 투자하고자 하신다면 피콜린산 아연으로 선택하기 바랍니다. 가성비는 글루콘산 아연이 좋지만, 더 투자하려면 피콜린산 아연으로 구매하세요.

---

**⚕ 약사의 TIP**

킬레이트란?
킬레이트란 어떤 성분에 다른 화학물을 결합하여 감싸는 작업, 또는 그렇게 만들어진 화합물을 일컫습니다. 표현이 조금 어렵죠? 영양제에서 말하는 킬레이트는 어떤 성분이 더 쉽게 흡수되도록 보조 물질(구연산, 글리신산 등)을 결합한 것으로 이해하시면 됩니다. 킬레이트 기술은 주로 아연, 마그네슘 등의 미네랄 성분에 적용되며, 이렇게 킬레이트된 미네랄은 흡수율이 개선되고 부작용은 줄어듭니다.

**❷ 30mg가 넘는 함량의 아연은 피하세요.**

여러 국가에서 아연의 1일 상한량을 50mg으로 책정하기 때문에 해외에는 50mg의 아연 제품이 상당히 많습니다. 하지만 아연은 매우 쉽게 부작용이 나타나는 성분으로, 50mg의 아연을 2주 이상 섭취하는 것은 권장하지 않습니다. 직구로 무심코 50mg의 제품을 선택하는 사람이 많으나, 장기간 섭취할 경우 30mg 이하 용량의 제품을 선택하길 권해드립니다.

---

**☑ 해외 아연 CHECK POINT**

- 어떤 원료로 킬레이트 되었는지 확인하세요.
- 너무 고함량의 아연은 피해야 합니다.

---

좋은 아연 제품과 면역 기능에 좋은 추천 영양제가 궁금하다면?
QR코드를 통해 유튜브 동영상을 확인하세요!

　오메가-3는 중성지방 감소, 염증 완화, 그리고 안구 건조증 개선에 좋은 효과를 나타내는 불포화 지방산입니다. 오메가-3 중 가장 많은 연구가 이루어진 성분은 생선으로부터 추출한 EPA(Eicosapentaenoic acid)와 DHA(Docosahexaenoic acid)로, 따라서 대부분의 오메가-3 제품은 정제 어유의 EPA와 DHA를 주성분으로 하고 있습니다. 오메가-3는 기름이라는 특성상 쉽게 산패되고, 산패된 제품은 아무 효과도 나타내지 못하며 오히려 다양한 질병을 유발합니다. 따라서 오메가-3는 원료와 유통 과정을 가장 신중하게 검토해야 하는 성분입니다.

"오메가-3는 첫째도 품질, 둘째도 품질입니다."

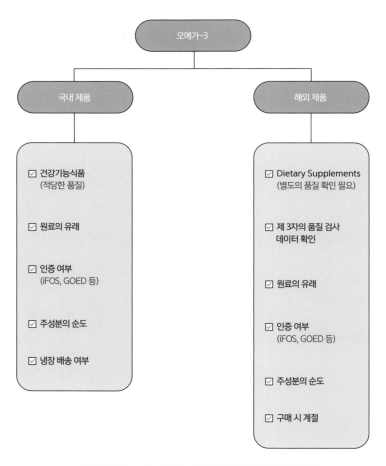

시중에서 구할 수 있는 오메가-3 제품의 종류와 주요 체크포인트

## 국내 제품을 구매하는 경우

**❶ 식물성 오메가-3보다는 어유 오메가-3를 먼저 선택하세요.**

대부분의 오메가-3는 생선으로부터 추출한 이른바 '정제 어유(Fish oil)' 성분입니다. 최근에는 미세 조류로부터 추출한 이른바 식물성 오메가-3 제품도 흔히 만날 수 있지만, 오메가-3의 효과에 관한 대부분의 연구는 어유 오메가-3로 이루어져 있고, 식물성 오메가-3보다 어유 오메가-3가 훨씬 저렴합니다. 알러지 등의 이유로 어유를 섭취하지 못하는 경우가 아니라면 굳이 식물성을 선택할 이유가 현재로서는 없습니다. 오메가-3는 어유(Fish oil) 제품을 우선으로 선택하세요.

**❷ iFOS나 GOED 인증 여부를 확인하세요.**

오메가-3의 품질을 테스트하고 인증하는 세계적인 단체들이 있습니다. iFOS나 GOED가 대표적이며, 이 두가지 인증 중 한가지라도 보유하고 있는 제품이라면 품질면에선 대체로 믿고 복용해도 괜찮습니다. 구매 전 iFOS나 GOED 같은 세계적인 단체의 인증 여부를 확인하세요.

오메가-3의 품질을 확인할 수 있는 인증들, 제품의 상세 페이지에서 확인 가능합니다.

**❸ 순도는 70% 이상인 제품이 좋습니다.**

오메가-3의 순도는 전체 캡슐의 내용물 중 유효 성분인 EPA와 DHA가 얼마나 함유되어 있는지 여부로 판단합니다. 70~80%면 순도가 높은 것으로 판단하며, 순도가 낮은 제품일수록 불필요한 기름의 비중이 높으므로 피하는 편이 좋습니다. 전체 무게 중 EPA와 DHA의 합이 70%를 넘는 제품으로 선택하세요.

1일 섭취량 : 1캡슐(1,000mg)

| 1일 섭취량 당 | 함량 | % 영양 성분기준치 |
|---|---|---|
| 열량 | 9kcal | |
| 탄수화물 | 0g | 0% |
| 단백질 | 0g | 0% |
| 지방 | 1g | 2% |
| 나트륨 | 0mg | 0% |
| EPA와 DHA의 합 | 776mg | |

제품의 순도는 1캡슐의 총 용량 대비 EPA와 DHA의 합의 함량으로 계산합니다.
이 제품의 경우 1캡슐 용량 총 1,000mg 중 EPA와 DHA의 합이 776mg이 함유되어 있으므로,
약 77%의 순도를 가진 것으로 계산할 수 있습니다.

---

### 🧑‍⚕️ 약사의 TIP

EPA와 DHA가 무엇인가요?

EPA와 DHA는 오메가-3 지방산의 일종으로, 여러 종류의 오메가-3 지방산 중에서도 우리 건강에 가장 밀접하게 관여하는 성분입니다. 흔히 말하는 오메가-3는 EPA와 DHA라는 두 가지 지방산으로 이루어져 있으며, 오메가-3의 함량은 EPA와 DHA의 합으로서의 함량을 의미합니다. 일부 영양제는 EPA 또는 DHA 중 한 가지 지방산만 포함하고 있기도 합니다. 아직은 어떤 종류의 오메가-3 지방산이 더 건강에 좋은지 명확하게 밝혀진 사실이 없으며, EPA와 DHA를 모두 함유하는 오메가-3 제품이 가장 일반적인 선택입니다.

## ❹ 냉장 배송 여부를 확인하세요.

　　오메가-3는 온도와 습도에 취약해, 여름철에는 특히 쉽게 변질될 수 있습니다. 더운 날씨에 오메가-3를 주문하는 경우 냉장 배송 시스템(콜드체인)을 지원하는 제품을 구매하기를 권해 드립니다. 약국에서 구매하는 것도 좋은 방법입니다. 약국의 오메가-3 제품은 대부분 의약품 물류를 통해 배송되어 약국에서 직접 관리하는 만큼 고온에 노출될 우려가 매우 적습니다. 여름철에는 운송 과정에서 온도가 유지되는 제품을 선택하세요.

---

### ☑ 국내 오메가-3 CHECK POINT

- 식물성 오메가-3보다는 어류 오메가-3를 우선으로 선택하세요.
- iFOS, GOED 등의 인증 여부를 확인하세요.
- 순도는 높을수록 좋습니다.
- 여름철에는 온도 관리가 가능한 제품을 선택하세요.

# 해외 제품을 구매하는 경우

## ❶ 제3자 업체의 품질 데이터를 반드시 확인하세요

어떤 영양제든 해외 직구로 구매한다면 제3자 업체의 데이터를 확인하기를 권해드리지만 오메가-3는 특히 조금의 변질도 피하는 것이 좋아서, 반드시 꼼꼼하게 품질 데이터의 유무를 ConsumerLab이나 Labdoor를 통해 확인하기 바랍니다. 실제로 미국에서 유통되는 상당히 많은 제품이 산패도 품질 검사를 통과하지 못하는 것으로 나타났습니다. 해외 오메가-3는 반드시 품질을 확인하고 구매하세요.

## ❷ 원료의 유래, 품질 인증, 순도를 확인하세요.

국내 오메가-3와 선택하는 방법은 기본적으로 동일합니다. 국내 오메가-3를 선택하는 방법과 마찬가지로 어유 오메가-3인지 식물성 오메가-3인지, iFOS나 GOED로부터 인증받은 이력이 있는지, 제품의 순도가 낮지는 않은지 꼼꼼하게 확인하세요.

## ❸ 여름철에는 직구 구매를 피하세요.

해외 직구를 하는 경우 온도나 습도가 통제되지 않는 일반적인 물류를 통해 배송되므로, 더운 여름철에는 제품이 변질될 가능성이 크게 증가합니다. 쉽게 변질되는 오메가-3의 특성상, 여름철에는 직구로 구매를 하지 않는 것을 권해드립니다.

---

☑ 해외 오메가-3 CHECK POINT
- 제3자 품질 평가 기관의 데이터를 반드시 확인하세요.
- 기본적인 제품 선택 방법은 국내 제품과 동일합니다.
- 여름에는 직구를 가능하면 삼가세요.

좋은 오메가-3 제품과 눈 건강에 좋은 추천 영양제가 궁금하다면?
QR코드를 통해 유튜브 동영상을 확인하세요!

위와 장의 건강을 책임지는 유산균은 기본적으로 사람에 따라 체감하는 효과에 큰 차이가 나는 성분입니다. 어떤 사람은 고가의 제품으로만 효과를 보고, 반대로 저렴한 제품으로 더 좋은 효과를 보는 경우도 있습니다. 본인에게 맞는 제품을 고르려면 다소의 시행착오가 필요합니다. 하지만 실패를 줄이는 방법이 있습니다. 가능하면 잘 알려진 균주가 포함된 제품을 선택하시고, 배송 과정에서의 변질 우려를 최소한으로 줄이세요.

"본인에게 맞는 유산균을 찾는 과정이 필요합니다."

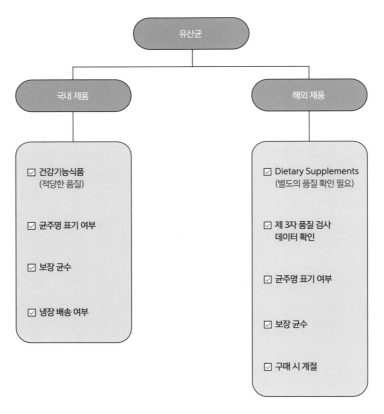

시중에서 구할 수 있는 유산균 제품의 종류와 주요 체크포인트

## 국내 제품을 구매하는 경우

❶ 균주명이 표기되었는지 여부를 제품 라벨을 통해 확인하여 균주명이 표기된 제품을 선택하세요.

대부분의 제품에는 균의 이름이 종명(Species)까지만 표기되어 있습니다만, 가능하면 라벨에 균주명(Strain)까지 모두 표기된 제품을 고르세요. 사람마다 능력과 성격이 다르듯이, 같은 종의 유산균 사이에서도 효과가 다른 다양한 종류의 균이 존재합니다. 종은 같으나 유래가 다른 균을 구분하는 이름을 균주라고 부릅니다. 같은 종이라고 해도 균주마다 효능이 다르다는 것을 기억하세요.

유산균의 명명법

대부분의 제품에는 균주명이 표기되어 있지 않습니다.

균주명은 보통 종명 뒤에 영어-숫자(예시 : LA-05)의 형태로 별도로 표기됩니다. 어떤 균주가 나은지 여부를 소비자가 헤아리기는 어렵지만, 일단 균주명이 공개된 원료라는 사실 자체만으로도 어느정도 연구가 잘 진행된 양질의 원료일 가능성이 매우 높습니다.

| 원료명 및 함량 | 락토바실러스 플란타럼, 스트렙토코커스 써모필러스, 비피도박테리움 비피덤, 비피도박테리움 애니멀리스 락티스, 락토바실러스 퍼멘텀, 락토바실러스 애시도필러스, 무수결정포도당, 자일리톨, 갈락토올리고당, 유산균배양분말 |
|---|---|

균주명이 표기되지 않은 제품의 예시

| 원료명 및 함량 | 락토바실러스 람노서스분말(L.rhamnosus, 말토덱스트린, LGG/덴마크산), 비피도박테리움 애니멀리스 락티스 분말(B.animalis ssp. Lactis, 말토덱스트린, BB-12/덴마크산), 락토바실러스 애시도필러스분말(L.acidophilus, LA-5/덴마크산), 난소화성말토덱스트린, 결정포도당, 프락토올리고당 |
|---|---|

균주명이 표기된 제품의 예시

**❷ 보장 균수는 10억 이상인 제품을 고르세요.**

우리나라의 유산균은 보장 균수라는 개념을 사용합니다. 예를 들어 보장 균수가 10억이라는 이야기는, 유효기간이 다 되었을 때 최소 10억 CFU(Colony Forming Unit:균을 세는 단위) 만큼의 균이 생존해 있음을 의미합니다. 유산균은 제조되는 순간부터 계속 그 수가 줄어들기 때문에 보통 제조 시 보장 균수의 적게는 3배, 많게는 수십배 이상의 균이 제품에 투입됩니다. 일반적으로 10억 CFU 이상의 균이 보장되어 있다면 실제로 효과가 나타날만한 용량인 것으로 간주합니다.

1일 섭취량 : 1캡슐(1,000mg)

| 1일 섭취량 당 | 함량 | % 영양 성분기준치 |
|---|---|---|
| 열량 | 10kcal | |
| 탄수화물 | 2g | 1% |
| 단백질 | 0g | 0% |
| 지방 | 0g | 0% |
| 나트륨 | 0mg | 0% |
| 프로바이오틱스수 | 1,000,000,000 CFU | |

제품의 보장 균수는 라벨을 통해 확인 가능합니다.

**❸ 여름철에는 냉장 배송 제품을 구매하거나 약국에서 구매하세요.**

유산균은 열에 취약합니다. 유산균 제품이 고온에 노출되면 균수가 급격히 감소해 의도했던 제품의 효능을 발휘하기 어려워집니다. 여름철에는 배송 과정의 창고나 트럭에서 쉽게 30℃가 넘는 고온에 노출되므로, 가능하면 여름철에는 냉장 배송이 되는 제품을 선택하세요. 약국에서 구입하는 것도 좋은 방법입니다. 약국에 유통되는 유산균은 대부분 온·습도가 관리되는 의약품 물류를 통해 전달됩니다.

> ☑ **국내 유산균 CHECK POINT**
> • 균주명이 표기된 제품을 선택하세요.
> • 보장 균수는 10억 이상의 제품을 선택하세요.
> • 여름철에는 냉장 배송이 되는 제품이 좋습니다.

## 해외 제품을 구매하는 경우

### ❶ 균주명이 표기된 제품을 선택하세요.

국내 제품을 선택할 때와 같은 요령으로, 균주명이 표기된 제품을 선택하시기 바랍니다. 이미 해외 제품은 대부분 균주명을 공개하고 있습니다.

### ❷ 라벨에 기재된 균수의 보장 여부를 확인하세요.

해외 유산균은 우리나라와는 다르게 보장 균수의 표기가 필수가 아닙니다. 대부분의 직구 제품은 균수를 보장하지 않습니다. 대부분의 직구 제품은 보장 균수가 제조시에 투입한 균수를 표기하고 있습니다. 따라서 미국의 100억 CFU 제품은 실제로는 100억 CFU보다 훨씬 적은 양의 균이 검출될 가능성이 높습니다. 제품의 상세페이지에 실제로 업체에서 균수를 보장 (Guarantee)하고 있는지 확인하세요.

# Supplement Facts

**Serving Size 1 Capsule**
**Servings Per Container 90**

|  | Amount Per Serving | % DV |
|---|---|---|
| Proprietary Probiotic Blend Total Cultures | 168mg<br>50 Billion CFU | + |
| † Daily Value not established. | | |

대부분의 해외 제품의 라벨에 표기된 균수는 보장 균수가 아닌, 투입 균수입니다.

### ❸ ConsumerLab이나 Labdoor의 품질 데이터를 반드시 확인하세요.

직구 제품은 균수를 보장하지 않는 만큼 라벨에 표기된 것보다 적은 균이 검출되는 경우가 많습니다. 제품을 구매하기에 앞서 ConsumerLab이나 Labdoor와 같은 제3자 업체의 품질 데이터를 통해 반드시 실제 균수가 제대로 검출되었는지 확인하시기 바랍니다. 특히 Labdoor 에서 테스트한 상당수의 제품에서 라벨에 기재된 것보다 적은 양의 균수가 검출되었습니다.

❹ **여름에는 직구를 피하세요.**

여름철에는 유산균이 쉽게 사멸하는 환경에 놓이게 됩니다. 직구 과정에서 제품이 보관되는 화물 컨테이너는 온습도를 보장하지 않으므로, 날씨가 더울 때는 국내 제품을 구매하는 편이 낫습니다.

☑ **해외 유산균 CHECK POINT**

- 균주명이 표기된 제품을 선택하세요.
- 라벨에 기재된 균수를 업체에서 보장하고 있는지 확인하세요.
- 제 3자 업체의 품질 데이터를 확인하세요.
- 여름에는 직구보다는 국내 제품으로 구매하세요.

**🔬 약사의 TIP**

어떤 균주가 좋은 균주인가요?

다양한 종류의 유산균 중에서도 특히 연구가 잘 이루어진 균주가 있습니다. 아래의 예시를 참고하세요. 반드시 저 균주들이 포함된 제품을 구매할 필요는 없고, 제품의 라벨에 정확한 균주명이 표기된 균주라면, 그렇지 않은 균보다 훨씬 많은 연구가 이루어진 균주 라고 볼 수 있습니다.

유명한 균주의 예시

(아래 내용은 공개된 임상 자료일 뿐, 실제 효과를 보장하는 것이 아닙니다.)

· Lactobacillus Rhamnosus GG(LGG) : 크리스챤 한센 브랜드의 균주. 어린아이의 변비와 설사 완화, 노인의 인지능력 개선 등 의 임상 자료 보유

· Lactobacillus Acidophilus LA-5 : 크리스챤 한센 브랜드의 균주. 어린아이의 설사 완화, 콜레스테롤 수치와 간수치 개선 등의 임상 자료 보유

· Bifidobacterium Lactis BB-12 : 크리스챤 한센 브랜드의 균주. 어린아이의 변비와 설사 완화, 콜레스테롤 수치와 간수치 개선 등의 임상 자료 보유

· Bifidobacterium Lactis HN019 : 호와루 브랜드의 균주. 면역 기능과 변비 개선 등의 임상 자료 보유

· Bifidobacterium Lactis DN173 : 다논 브랜드의 균주. 변비 개선의 임상 자료 보유

\* 인터넷 블로그에서 흔히 찾을 수 있는, 유산균의 특정 종(Species)에 따른 효능에 관한 주장은 근거가 매우 부족한 이야기입니다. 대부분의 임상 연구는 특정 '종'을 대상으로 진행한 것이 아닌, '균주'를 대상으로 진행하였고, 같은 '종'이라고 해도 '균주'가 다르면 그 효과도 다르게 나타나기 때문입니다. 따라서 반드시 유산균의 '종'보다는 '균주'에 초점을 맞춰 제품을 구매하세요.(종과 균주의 차이 에 대해서는 101p를 참고하세요.)

좋은 유산균 제품과 위장에 좋은 추천 영양제가 궁금하다면?
QR코드를 통해 유튜브 동영상을 확인하세요!

## 밀크시슬

밀크시슬은 간 건강과 항산화, 항염증 작용에 뛰어난 효과를 나타내는 성분으로, 특히 음주 후 컨디션 유지를 위해 많은 분들께서 섭취하는 영양제입니다. 밀크시슬의 숙취해소 효과에 대해서는 논란이 많지만, 알코올로 인한 산화 스트레스로부터 우리 몸을 보호하는 밀크시슬의 역할에는 의심의 여지가 없습니다. 우리나라에서는 밀크시슬이 건강기능식품과 일반의약품 두 가지 분류로 제조되고 있으며, 의료 목적으로서 품질 관리가 이루어지는 일반의약품 제품을 최우선으로 시도하길 권해드립니다.

"일반의약품 밀크시슬이 1순위 입니다."

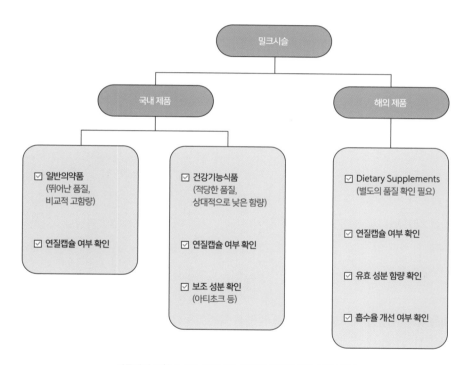

시중에서 구할 수 있는 밀크시슬 제품의 종류와 주요 체크포인트

## 국내 제품을 구매하는 경우

### ❶ 일반의약품 밀크시슬 제품이 우선입니다.

장기간 섭취할 제품을 찾으신다면, 의약품 등급의 원료와 제조 시설 하에 생산되는 일반의약품 밀크시슬 제품이 가장 좋은 선택입니다. 일부 예외는 있지만 대부분의 의약품 밀크시슬은 그 함량과 제형이 동일합니다. 브랜드에 상관없이 350mg의 '밀크시슬열매건조엑스' 성분이 함유되어 있는지, 연질캡슐 형태의 알약인지 확인하세요.

| 일반의약품 정보 |
| --- |
| 이 약을 사용하기 전 반드시 첨부문서를 확인하세요. |
| 【유효 성분】 |
| 밀크시슬열매건조엑스(KHP) ························································ 350mg |

일반의약품 밀크시슬 제품의 라벨 예시

### ❷ 흡수율이 더 높은 연질캡슐 제품을 고르세요.

밀크시슬의 유효 성분인 실리마린은 지용성이라서 흡수율이 상당히 낮습니다. 연질캡슐로 된 제품은 이미 캡슐 내부에 주성분이 용해되어 있어, 일반적인 정제나 캡슐 제품보다 더 높은 흡수율을 나타냅니다. 최근 제조되는 국내 밀크시슬은 대부분 연질캡슐이지만, 일부 건강기능식품 제품은 여전히 정제나 캡슐로 제조되고 있습니다. 흡수율을 고려한다면 연질캡슐 여부를 반드시 확인하세요

### ❸ 건강기능식품 제품을 시도할 경우 보조 성분을 확인하세요.

성분 구성이 다양하지 않은 일반의약품 밀크시슬과는 달리, 많은 종류의 건강기능식품 밀크시슬에는 다양한 보조 성분이 배합되어 있습니다. 다양한 성분을 체험하고자 한다면 건강기능식품으로 선택하세요.

| 원료명 및 함량 | 밀크씨슬추출물(이탈리아산), 포도씨유(스페인산), 오미자추출물분말{오미자추출액(오미자:국산), 덱스트린, 아티초크추출분말(스페인산/아티초크추출물, 말토덱스트린), 밀납, L-아르지닌, 글리세린, 이산화티타늄 |
| --- | --- |

다양한 보조 성분이 배합된 건강기능식품 밀크시슬의 예시

## 해외 제품을 구매하는 경우

### ❶ 가능하면 연질캡슐(Softcap)로 표기된 제품을 선택하세요.

국내 제품과 마찬가지로 흡수에 유리한 연질캡슐로 된 제품을 선택하는 것이 유리합니다. Tablet이나 Capsule 또는 Veggie Capsule으로 표기된 제품은 연질캡슐이 아닙니다. 케이스에 Softgel로 표기된 제품인지 확인하세요.

### ❷ 실리마린(Silymarin)이나 실리번(Silybin)의 함량이 정확하게 표기된 제품을 구매하세요.

밀크시슬을 포함한 많은 해외의 허브 제품들이 실제 효과를 나타내는 '유효 성분'의 함량이 아닌 '추출물(Extract)'의 함량만을 표기하고 있습니다. 같은 용량의 추출물이라고 해도 재배 환경, 제조 방식에 따라 유효 성분의 함량이 상이합니다. 우리나라는 법적으로 유효 성분의 함량을 정밀하게 관리하는 것이 원칙이나, 미국은 자율에 맡기고 있습니다. 밀크시슬의 경우 Silymarin이나 Silybin이 주요 유효 성분으로, 이 두 성분의 함량이 정확하게 표기된 제품을 구매하기를 권해드립니다.

### ❸ 피토좀(Phytosome)등의 기술로 흡수율이 개선된 제품도 있습니다.

일부 제품은 밀크시슬의 흡수율을 개선하기 위해 Phytosome이라는 특수한 기술을 활용하였습니다. 연질캡슐로 된 일반적인 제품보다도 높은 흡수율을 기대할 수 있습니다. 하지만 아쉽게도 이런 제품 중에는 ConsumerLab이나 Labdoor에 인증된 제품이 아직은 없어, NSF나 NPA와 같은 제 3자 인증 업체로부터 GMP 인증을 받은 업체의 제품 중 신중하게 선택해야 합니다.(GMP 인증에 관한 자세한 설명은 66p를 참고하세요.)

# Supplement Facts

Serving Size 2 **softgel**
Servings Per Container 60

| | Amount Per Serving | % DV |
|---|---|---|
| **Milk Thistle Phospholipid Proprietary Blend**<br>Milk thistle extract (fruit) [providing 480mg silymarin, 180mg silybin, 48mg isosilybin A and isosilybin B], phospholipids | 760mg | + |
| **SILIPHOS® phytosome** milk thistle extract<br>(fruit) [providing 47.52mg silybin] | 160mg | |
| † Daily Value not established. | | |

연질캡슐로 된 해외 밀크시슬 제품의 예시

유효 성분인 Silymarin과 Silybin 등의 함량이 정확하게 표기되어 있으며, Phytosome 기술이 적용된 성분이 배합되어 있습니다.

---

☑ **해외 밀크시슬 CHECK POINT**

- 해외의 밀크시슬도 가능하면 연질캡슐로 구매하세요.
- 실리마린(Silymarin)이나 실리번(Silybin)의 함량이 정확하게 표기되어 있는지 확인하세요.
- 피토좀(Phytosome)과 같은 기술로 흡수율이 더 개선된 제품이 있습니다.

좋은 밀크시슬 제품과 간에 좋은 추천 영양제가 궁금하다면?
QR코드를 통해 유튜브 동영상을 확인하세요!

## 빌베리

빌베리는 안토시아닌을 공급함으로써 눈의 피로와 인지 능력의 개선에 도움을 줄 수 있는 성분입니다. 과일로 섭취하는 것이 우선이지만, 매일 충분한 양을 섭취하기 번거롭다는 점을 고려하면 영양제 형태의 빌베리도 좋은 선택입니다. 일반의약품으로 제조되는 빌베리를 최우선으로 권해드리나, 다양한 원료가 배합된 건강기능식품도 나름의 장점이 있습니다. 가장 좋은 품질의 빌베리 영양제를 원한다면 일반의약품 빌베리를, 눈의 건조함이나 피로 개선에 좋은 다른 성분이 복합된 제품을 시도하려면 건강기능식품이나 해외의 빌베리 제품을 구매하세요.

"영양제 형태의 빌베리도 좋은 선택입니다."

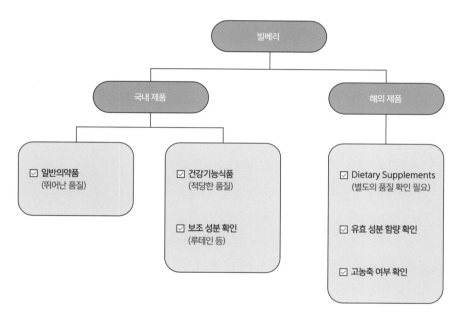

시중에서 구할 수 있는 빌베리 제품의 종류와 주요 체크포인트

## 국내 제품을 구매하는 경우

**❶ 일반의약품 빌베리 제품이 최우선입니다.**

우리나라에는 의약품 등급의 빌베리가 있습니다. 당뇨 합병증의 개선을 목적으로 출시된 제품이지만, 건강한 분도 양질의 안토시아닌(베리류 과일의 핵심 성분) 공급을 위해 섭취할 수 있습니다. 국내에 판매 중인 의약품 빌베리 영양제는 대부분 '빌베리건조엑스'로 170mg를 함유하고 있으며, 브랜드와 상관없이 함량과 효능이 동등합니다. 일반의약품 제품으로 양질의 빌베리를 섭취할 수 있습니다.

---

### 일반의약품 정보

이 약을 사용하기 전 반드시 첨부문서를 확인하세요.

**【유효성분】**

빌베리건조엑스(EP) ·················································· 170mg

---

일반적인 일반의약품 빌베리 제품의 라벨 예시

170mg의 빌베리건조엑스를 함유하고 있습니다.

**❷ 건강기능식품 빌베리에는 다양한 보조 성분이 배합되어 있습니다.**

빌베리를 건강기능식품으로 섭취할 경우 보조 성분을 확인하세요. 루테인이나 오메가-3와 같은 눈 건강에 관련된 성분이 함께 배합된 경우가 많습니다. 빌베리의 기능성이 명확하게 기재되어 있는 제품 중에 본인의 필요에 적합한 제품을 선택하면 됩니다. 빌베리의 기능성이 인정된 제품은 성분표에 '총 안토시아노사이드'의 함량이 기재되어 있습니다. 더불어 다른 기능성 성분이나 보조 성분에 어떤 것이 있는지 성분표를 통해 확인해보세요.

1일 섭취량 : 2캡슐(1,200mg)

| 1일 섭취량 당 | 함량 | % 영양 성분기준치 |
|---|---|---|
| 열량 | 10kcal | |
| 탄수화물 | 2g | 1% |
| 단백질 | 0g | 0% |
| 지방 | 0g | 0% |
| 나트륨 | 0mg | 0% |
| 총 안토시아노사이드 | 88mg | |
| 루테인 | 20mg | |
| EPA와 DHA의 합 | 600mg | |

| 빌베리 성분 | 기능성 정보 |
|---|---|
| 빌베리추출물 | 눈의 피로 개선에 도움을 줄 수 있음 |
| 마리골드꽃추출물 | 노화로 인해 감소될 수 있는 황반색소밀도를 유지하여 눈 건강에 도움을 줄 수 있음 |
| EPA 및 DHA 함유 유지 | 혈중 중성지질 개선·혈행 개선에 도움을 줄 수 있음, 건조한 눈을 개선하여 눈 건강에 도움을 줄 수 있음 |

복합 성분으로 구성된 건강기능식품 빌베리 성분표 예시

세 가지 기능성 성분의 함량과 기능성에 관한 정보가 라벨에 표기되어 있습니다.

☑ 국내 빌베리 CHECK POINT
- 일반의약품 빌베리 제품이 가장 품질이 뛰어납니다.
- 건강기능식품 빌베리 제품에는 일반적으로 다양한 보조 성분이 배합되어 있습니다.

## 해외 제품을 구매하는 경우

### ❶ 유효 성분의 함량이 표기된 제품을 선택하세요.

대부분의 국가는 우리나라와 달리 빌베리의 유효 성분인 안토시아닌의 함량을 테스트하는 것을 의무로 하지 않습니다. 섭취하는 안토시아닌의 정확한 양을 알 수 있다는 점이 영양제로 섭취하는 빌베리의 가장 큰 장점이고, 원료에 따라 안토시아닌의 함량이 상이하므로 반드시 정확한 안토시아닌의 용량이 표기된 제품을 선택하세요. 라벨에 Anthosianoside 또는 Anthosianidins라는 명칭이 표기되어 있는지 확인하는 것이 중요합니다.

# Supplement Facts

**Serving Size 1 Capsule**
**Servings Per Container 60**

|  | Amount Per Serving | % DV |
|---|---|---|
| Bilberry Extract (Vaccinium myrtillus) (fruit) | 40mg | + |
| Anthocyanidins (25%) | 10mg | + |
| Bilberry Concentrate 5:1 (Vaccinium myrtillus) (fruit) | 305mg |  |
| + Daily Value not established. | | |

안토시아닌의 함량이 정확하게 표기된 해외 빌베리 제품의 라벨 예시

### ❷ 안토시아닌의 함량이 25% 이상인 제품으로 선택하세요.

단순히 건조된 빌베리를 알약의 형태로 만든 제품의 경우 안토시아닌을 터무니없이 적은 용량으로 함유하고 있기도 합니다. 이런 제품은 안토시아닌을 약 0.5% 내외로 함유하고 있는 반면, 안토시아닌을 농축해서 제조하는 영양제는 25% 이상의 안토시아닌을 함유하게 됩니다. 라벨에 기재된 안토시아닌의 함량을 꼼꼼히 확인하세요.

☑ **해외 빌베리 CHECK POINT**
- 유효 성분의 함량이 표기된 제품을 구매하세요.
- 안토시아닌의 함량이 25% 이상인지 확인하세요.

좋은 빌베리 제품과 눈 건강에 좋은 추천 영양제가 궁금하다면?
QR코드를 통해 유튜브 동영상을 확인하세요!

## 보스웰리아

보스웰리아는 관절 염증과 통증에 높은 수준의 근거를 가지고 있어, 관절 통증에 가장 먼저 활용해야 할 성분 중 하나입니다. 우리나라에도 다양한 보스웰리아 제품이 판매되고 있으나, 대부분은 건강기능식품 인증이 되지 않은 일반 식품 제품입니다. 식품 등급의 보스웰리아는 보통 라벨에 식품의 유형으로서 '기타가공품' 또는 '캔디류'로 표기되어 있습니다. 이런 제품은 그 품질과 효능을 보장하지 않습니다. 보스웰리아의 건강기능식품 인증 여부를 반드시 확인하세요. 가능하면 반드시 보스웰리아가 기능성 성분으로 배합된 건강기능식품 제품을 선택하세요.

"보스웰리아의 건강기능식품 인증 여부를 반드시 확인하세요."

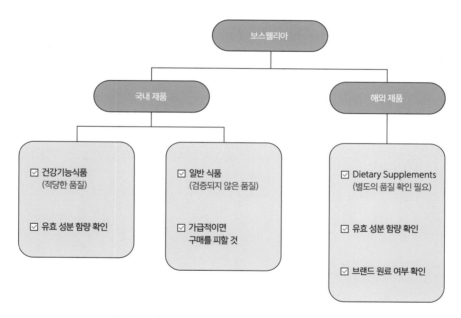

시중에서 구할 수 있는 보스웰리아 제품의 종류와 주요 체크포인트

# 국내 제품을 구매하는 경우

**❶ 보스웰리아의 기능성 인증 여부를 반드시 확인하여 건강기능식품 제품을 구매하세요.**

우리나라에서 판매되는 대부분의 보스웰리아는 건강기능식품이 아닌 일반 식품 등급으로 판매되고 있습니다. 하지만 이런 제품은 품질과 효과에 관한 아무런 보장이 되어 있지 않습니다. 물론 좋은 원료로 성실히 제조하는 업체도 있겠지만, 어떤 업체인지 소비자 입장에서는 확인할 방법이 없습니다. 보스웰리아의 기능성이 인정된 건강기능식품 제품을 선택하기 바랍니다.

**❷ AKB와 KBA의 총 용량을 반드시 확인하세요.**

현재는 기능성 보스웰리아 제품의 종류가 다양하지 않아 제품간의 함량 차이가 크지 않으나, 시간이 갈수록 제품은 다양해질 것입니다. 제품의 라벨에 기재된 유효 성분(AKB와 KBA)의 총 용량을 반드시 확인하세요. 최적의 용량에 관한 근거는 부족하지만, 가격대비 더 높은 AKB와 KBA의 함량이 배합된 제품이 있다면 그것을 선택하는 편이 유리합니다.

1일 섭취량 : 1정(850mg)

| 1일 섭취량 당 | 함량 | % 영양 성분기준치 |
|---|---|---|
| 열량 | 10kcal | |
| 탄수화물 | 0g | 0% |
| 단백질 | 0g | 0% |
| 지방 | 1g | 2% |
| 나트륨 | 5mg | 0% |
| AKB와 KBA의 합 | 71mg | |

국내 보스웰리아 제품의 라벨 예시

건강기능식품으로 인정된 보스웰리아는 영양정보란에 'AKB와 KBA의 합'이 표기되어 있습니다.

---

☑ **국내 보스웰리아 CHECK POINT**
- 보스웰리아의 기능성 인정 여부를 반드시 확인하세요.
- 유효 성분인 AKB와 KBA의 총 용량을 반드시 확인하세요.

## 해외 제품을 구매하는 경우

### ❶ AKBA의 함량이 표기된 제품을 선택하세요

일부 제품은 보스웰리아 허브 자체의 함량을 표기하고 있으나, 실제로 중요한 것은 허브가 함유하는 AKBA의 함량입니다. 제품의 라벨에 AKBA의 함량이 기재되어 있다는 것은 그 업체에서 AKBA의 함량을 제대로 관리하고 있다는 것을 의미하므로, 반드시 AKBA의 함량이 정확히 표기된 제품을 선택하세요.

### ❷ 임상 연구에 활용된 브랜드 보스웰리아 원료가 포함된 제품을 구매하세요.

별도의 브랜드 이름을 가지고 있는 보스웰리아 원료가 있습니다. 5-Loxin™, Aflapin™, AprèsFLEX™이 대표적인 보스웰리아의 브랜드 원료로, 이 원료들은 임상 연구를 통해 효능이 검증되었음은 물론 더 높은 수준의 품질 관리가 이루어지고 있을 가능성이 높다는 것을 의미합니다. 해외 직구로 보스웰리아를 구하는 경우 브랜드 원료의 사용 여부를 확인하기 바랍니다. 브랜드 원료는 라벨에 표기되어 있습니다.

# Supplement Facts

**Serving Size 1 Capsule**
**Servings Per Container 60**

|  | Amount Per Serving | % DV |
|---|---|---|
| AprésFlex® (Boswellia serrata) extract (gum resin) [std. to 20% 3-0-acetyl-11-keto-ß-boswellic acid (AKBA)] | 100mg | + + |
| + Daily Value not established. | | |

해외 보스웰리아 제품의 라벨 예시

브랜드 원료인 AprèsFLEX™를 함유하는 제품으로, AKBA의 함량이 20%로 정확하게 명시되어 있습니다.

---

☑ **해외 보스웰리아 CHECK POINT**
- 유효 성분의 함량이 정확히 표기된 제품을 선택하세요.
- 임상 연구에 활용된 브랜드 원료가 포함된 제품을 선택하세요.

---

좋은 보스웰리아 제품과 관절에 좋은 추천 영양제가 궁금하다면?
QR코드를 통해 유튜브 동영상을 확인하세요!

## 콘드로이틴

콘드로이틴은 가장 많은 연구가 이루어진 관절 영양제로, 효력은 강하지 않으나 장기 복용의 효능이 잘 검증된 성분입니다. 장기간의 관절 관리 목적으로 복용하기에 적합합니다. 우리나라의 콘드로이틴은 의약품이 주를 이루고 있으며, 품질이 보장되는 만큼 일반의약품 제품이 가장 우선순위가 높습니다. 한편 콘드로이틴이 기능성 원료로 배합된 건강기능식품도 있습니다. 하지만 가격대가 높고, 제품이 다양하지 않기 때문에 현재로서는 일반의약품 콘드로이틴이 더 나은 선택입니다.

"콘드로이틴은 일반의약품 제품이 가장 좋은 선택입니다."

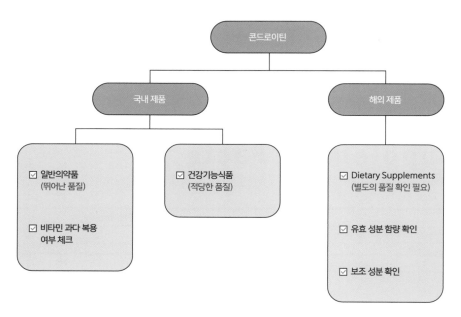

시중에서 구할 수 있는 콘드로이틴 제품의 종류와 주요 체크포인트

# 국내 제품을 구매하는 경우

## ❶ 콘드로이틴은 일반의약품 제품을 최우선으로 구매하세요.

우리나라에는 일반의약품 등급의 콘드로이틴이 판매되고 있습니다. 가장 높은 수준의 품질 관리가 이루어지는 만큼 일반의약품 제품의 우선순위가 가장 높습니다. 한편 콘드로이친이라는 명칭의 기능성 성분이 포함된 건강기능식품 제품도 있습니다만, 종류가 다양하지 않아 아직은 별다른 메리트가 보이지 않습니다.

## ❷ 콘드로이틴 영양제에 함유된 비타민 B6의 과다 복용을 주의하세요.

대부분의 일반의약품 콘드로이틴 제품은 콘드로이틴 외에도 다양한 종류의 비타민을 함께 함유하고 있습니다. 피로 회복과 통증 완화에는 도움이 되지만, 다른 비타민제를 이미 복용 중이라면 과다 복용이 되지 않도록 신중하게 복용을 결정하는 편이 좋습니다. 다행인 것은 비타민 B6(피리독신) 외에는 과다 복용의 우려가 매우 적다는 점입니다. 비타민 B6의 1일 총섭취량이 100mg을 넘지 않도록 주의해주세요. 콘드로이틴은 콘드로이틴설페이트나트륨으로서 400~600mg을 함유하는 것이 일반적이며, 피리독신이 포함된 제품의 경우 다른 비타민제를 함께 섭취 시 1일 100mg을 넘게 섭취하지 않도록 주의해야 합니다.

---

## 일반의약품 정보

**이 약을 사용하기 전 반드시 첨부문서를 확인하세요.**

**【유효 성분】**

| | |
|---|---|
| γ-오리자놀(KP) | 5mg |
| 푸르설티아민(별규) | 60mg |
| 니코틴산아미드(KP) | 60mg |
| 콜린타르타르산염(USP) | 20mg |
| 판토텐산칼슘(KP)(칼슘으로서 1.2mg) | 15mg |
| 리보플라빈부티레이트(KP) | 6mg |
| 이노시톨(KP) | 20mg |
| **콘드로이틴설페이트나트륨(KP)** | 600mg |
| **피리독신염산염(KP)** | 25mg |
| 시아노코발라민1000배산(KP)(시아노코발라민으로서 20μg) | 20mg |

일반의약품 콘드로이틴 제품의 라벨 예시

콘드로이틴은 콘드로이틴설페이트나트륨으로서 400~600mg을 함유하는 것이 일반적이며,
피리독신이 포함된 제품의 경우 다른 비타민제를 함께 섭취 시
1일 100mg을 넘게 섭취하지 않도록 주의하기 바랍니다.

## 해외 제품을 구매하는 경우

### ❶ 콘드로이틴 황산염의 1일 섭취량이 1,000mg을 넘는지 확인하세요.

국내의 일반의약품 콘드로이틴은 의료 목적에 적합한 함량으로 사용 범위가 지정되어 있지만, 해외 제품은 그렇지 않습니다. 직구로 콘드로이틴을 구매하실 경우 반드시 충분한 함량이 포함되어 있는지 확인하시기 바랍니다. 특히 다양한 성분이 함유된 관절 영양제의 경우 각각의 성분의 함량이 매우 적은 경우가 많아 주의해야 합니다. 콘드로이틴이 효과를 발휘하려면 콘드로이틴 황산염으로서 1일 1,000mg 이상은 섭취해야 합니다.

### ❷ 보조 성분의 함량이 충분한지 확인하세요.

콘드로이틴이 포함된 직구 영양제는 대부분 관절에 도움이 되는 글루코사민이나 MSM, 보스웰리아 등의 다른 영양 성분을 함께 포함하고 있습니다만 소량만 배합된 보조 성분은 효과를 나타내지 못합니다. 일부 제품은 고작 수십 mg의 글루코사민이나 MSM을 배합하고 복합 관절 영양제임을 광고하고 있습니다. 적은 용량의 보조 성분은 그 효능을 기대하기 어렵기 때문에 용량이 충분한지 확인하여 구매하세요. 여러 성분이 복합된 관절 영양제를 구매할 경우, 함량 체크는 관절 영양제에 흔히 배합되는 성분들의 1일 섭취량을 아래에 제시하였으니 참고하여 체크하시면 됩니다.

| 1일 섭취량 기준 | |
| --- | --- |
| 글루코사민 | 1,000~1,500mg |
| MSM | 500~3,000mg |
| 보스웰리아 | 100~250mg |
| 커큐민 | 500~2,000mg |
| 콜라겐(Type 1&3) | 1,000mg 이상 |
| 콜라겐(Type 2) | 10~40mg |

# Supplement Facts

**Serving Size 1 Capsule**

| | Amount Per Serving | % DV |
|---|---|---|
| Chloride (from glucosamine sulfate 2KCl) | 172mg | 7% |
| Sodium (from chondroitin sulfate sodium) | 150mg | 7% |
| Potassium (from glucosamine sulfate 2KCl) | 180mg | 4% |
| Glucosamine Sulfate 2KCl | 1500mg | + |
| Chondroitin sulfate (from chondroitin sulfate sodium) | 1200mg | + |
| MSM (Methylsulfonylmethane) (OptiMSM®) | 1000mg | + |

+ Daily Value not established.

해외의 콘드로이틴 영양제 예시

콘드로이틴 뿐만 아니라 글루코사민과 MSM도 높은 함량으로 배합되어 있습니다.

☑ **해외 콘드로이틴 CHECK POINT**

- 콘드로이틴의 함량이 충분한지 확인하세요.
- 다른 배합된 성분의 함량이 충분한지 확인하세요.

좋은 콘드로이틴 제품과 관절에 좋은 추천 영양제가 궁금하다면?
QR코드를 통해 유튜브 동영상을 확인하세요!

## 생강

생강은 위의 운동을 촉진해 메스꺼움을 완화하는데 효과적인 성분으로, 임산부의 입덧을 완화하는 목적으로 자주 이용하는 성분입니다. 우리나라에는 식품 등급의 생강 제품밖에 없어, 영양제 형태의 생강은 직구를 통해 구매하셔야 합니다. 생강청을 따뜻한 물에 타서 차의 형태로 섭취하는 것도 좋지만, 연구를 기반으로 한 생강의 효과를 누리려면 그 유효 성분이 정확히 표기된 해외의 영양제를 섭취하는 것이 더 좋습니다.

"표준화된 생강은 직구로만 구할 수 있습니다."

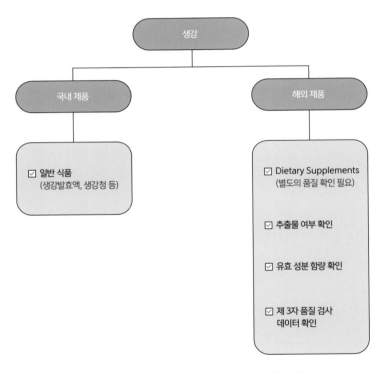

시중에서 구할 수 있는 생강 제품의 종류와 주요 체크포인트

## 국내 제품을 구매하는 경우

우리나라의 생강 제품은 모두 식품으로 제조되고 있으며, 영양제가 아닌 생강농축액, 생강청 등의 식품을 이용해 섭취할 수 있습니다. 이런 형태의 섭취 방법도 위장 건강에 도움이 되지만 정확한 유효 성분의 함량을 파악할 수 없어 균일한 효과를 기대하기 어렵습니다. 위장 건강을 위해 생강을 정기적으로 섭취하시려면 아직은 해외의 영양제를 구매하는 편이 낫습니다.

## 해외 제품을 구매하는 경우

❶ Ginger Root Extract(생강 뿌리 추출물)인지 반드시 확인하세요.

해외의 생강 영양제는 크게 두 종류로 나뉩니다. 생강 뿌리를 갈아서 캡슐에 담은 일반적인 Ginger Root(생강 뿌리)제품과 생강의 뿌리로부터 유효 성분을 농축한 Ginger Root Extract(생강 뿌리 추출물)제품이 있는데, 일반적인 Ginger Root(생강 뿌리)제품은 유효 성분인 Gingerol과 Shogaol의 함량이 1% 내외로 너무 낮아, 효과를 내기 어렵습니다. Ginger Root(생강 뿌리)보다는 Ginger Root Extract(생강 뿌리 추출물)가 낫습니다.

❷ Ginger Phenol 또는 Gingerol의 함량이 5%로 표기된 제품을 구매하세요.

제대로 된 Ginger Root Extract 제품이라면 대부분 5% 내외의 유효 성분을 함유하고 있습니다. 단순히 Extract라고 기재된 제품보다는, 유효 성분인 Ginger Phenol(진저 페놀), 또는 Gingerol(진저롤)의 함량이 5%라고 라벨에 명확히 기재된 제품을 구매하세요. 이런 제품은 제조처에서 유효 성분의 함량을 테스트하며 관리하고 있을 가능성이 높습니다.

# Supplement Facts

Serving Size 1 Capsule
Servings Per Container 60

|  | Amount Per Serving | % DV |
|---|---|---|
| Standardized Ginger Extract (Zingiber officinale) (root) (15mg [5%] ginger phenols) | 300mg | + + |
| Ginger Root Powder (Zingiber officinale) | 150mg | + |
| + Daily Value not established. | | |

생강 영양제의 라벨 예시

Ginger 'Extract'로서 5%의 Ginger Phenol을 함유하는 사실이 명확히 표기된 것을 볼 수 있습니다.

**❸ 직구하는 생강 영양제는 ConsumerLab에서 품질을 체크하세요.**

생강은 구매 전에 반드시 ConsumerLab에서 품질을 확인하시기 바랍니다. 물론 다른 직구 영양제도 이런 절차를 거쳐야 하지만, 생강은 특히 유효 성분의 함량이 부족하거나 중금속이 발견된 제품이 있어 주의가 필요합니다. 아직까지 생강을 제대로 추출해서 영양제로 제조하는 업체가 많지 않습니다.

---

☑ **해외 생강 CHECK POINT**

- Ginger Root Extract 제품으로 구매하세요.
- 유효 성분의 함량은 5% 내외인 것이 좋습니다.
- ConsumerLab의 데이터를 반드시 확인하세요.

---

좋은 생강 제품과 위장에 좋은 추천 영양제가 궁금하다면?
QR코드를 통해 유튜브 동영상을 확인하세요!

## 콜라겐

콜라겐은 피부, 관절 등 조직의 형태와 기능을 유지하는데 가장 중요한 성분으로, 다양한 종류의 영양제가 시중에 출시되어 있습니다. 우리나라에서는 주로 피부 건강에 초점이 맞춰진 콜라겐 제품을 만날 수 있으며, 해외에는 피부용 콜라겐과 관절용 콜라겐이 구분되어 판매되고 있습니다. 우리나라의 콜라겐은 다시 건강기능식품 또는 일반 식품 제품으로 나뉩니다. 일반 식품으로 분류되는 콜라겐의 종류가 더 다양하지만, 원료나 제품의 품질은 건강기능식품 제품이 더 잘 보장됩니다. 목적에 맞는 제품을 찾아 품질을 확인하고 구매하세요.

"목적에 맞는 콜라겐인지 꼼꼼하게 확인하세요."

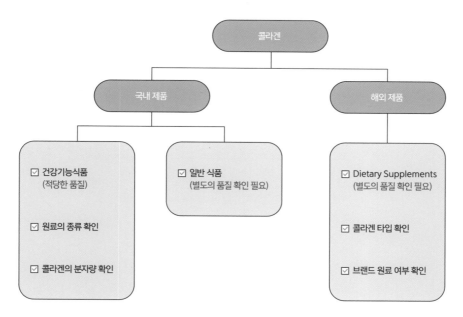

시중에서 구할 수 있는 콜라겐 제품의 종류와 주요 체크포인트

## 국내 제품을 구매하는 경우

### ❶ 콜라겐의 기능성이 인정된 건강기능식품 제품을 선택하세요.

과거에는 대부분의 콜라겐이 식품 등급으로 나왔으나, 최근에는 건강기능식품으로 인정받은 콜라겐도 상당수 출시되고 있습니다. 건강기능식품은 허가 과정부터 제조 시설 관리까지 식품보다 훨씬 철저하게 관리되는 만큼 가능하면 건강기능식품으로 인정받은 제품을 구매하세요. 그리고 기능성이 인정된 콜라겐인지 반드시 확인하세요.

1일 섭취량 : 1포(6mg)

| 1일 섭취량 당 | 함량 | % 영양 성분기준치 |
|---|---|---|
| 열량 | 25kcal | |
| 탄수화물 | 3g | 1% |
| 단백질 | 3g | 5% |
| 지방 | 0g | 0% |
| 나트륨 | 0mg | 0% |
| Gly-Pro-Val-Gly-Pro-Ser | 2.7141mg | |

건강기능식품으로 인정된 콜라겐 제품의 라벨 예시

위와 같은 아미노산의 함량이 영양정보란에 기재되어 있습니다.

### ❷ 콜라겐의 원료를 확인하고, 알러지가 우려되는 원료를 피하세요.

콜라겐은 돼지 피부로부터 추출한 돈피콜라겐과, 생선으로부터 추출한 어류콜라겐의 두가지 원료로 나뉩니다. 일반적으로 어류콜라겐이 흡수가 더 쉽게 되지만, 특유의 생선 냄새는 단점으로 꼽힙니다. 다만 최근에는 어류콜라겐의 맛이 상당히 개선되고, 돈피콜라겐의 흡수율도 개선되어 어떤 원료가 더 낫다고 단정짓기 어렵습니다. 단, 생선류에 알러지가 있는 분은 돈피콜라겐으로 섭취하는 것을 권해드립니다.

### ❸ 분자량은 1,000Da(달톤) 이하의 것으로 고르세요.

콜라겐은 구조적으로 긴 사슬이 그물처럼 연결된 형태를 띄고 있고, 사슬이 짧을수록, 즉 분자량이 낮을수록 쉽게 흡수됩니다. 최근에는 더 나은 흡수율을 기대할 수 있는 1,000Da 이하의 저분자 콜라겐을 종종 찾을 수 있습니다. 분자량과 효과의 상관관계는 아직 명확하지 않으나, 이론적으로는 분자량이 낮은 제품을 선택하는 것이 낫습니다.

## 해외 제품을 구매하는 경우

**❶ 피부에는 Type 1&3 콜라겐을, 관절에는 Type 2 콜라겐을 선택하세요.**

우리나라의 콜라겐은 타입이 구분되어 있지 않으나, 해외의 제품은 대부분 Type 1&3 콜라겐과 Type 2 콜라겐, 두가지로 구분되어 있습니다. Type 1&3은 주로 피부 미용을 위한 제품으로, 섭취량이 1,000mg 이상으로 고용량인 것이 특징입니다. 한편 Type 2 콜라겐은 관절 증상의 완화를 목적으로 하며, 수십 mg 내외의 적은 용량을 사용합니다. 본인의 목적에 맞는 제품을 선택하세요.

**❷ 임상 연구에 활용된 VERISOL®, UC-II®와 같은 브랜드 원료를 선택하세요.**

일부 제품은 임상 연구에 실제로 사용된 브랜드의 원료가 배합되어 있습니다. Type 1&3 콜라겐은 VERISOL®, Type 2 콜라겐은 UC-II® 라는 원료가 각각 잘 알려진 브랜드입니다. 이런 브랜드 원료는 임상 연구에서 사용되었던 원료의 스펙을 그대로 제공하며, 따라서 기대하는 효과가 재현될 가능성이 높습니다.

# Supplement Facts

**Serving Size 4 Capsule**
**Servings Per Container 60**

|  | Amount Per Serving | % DV |
|---|---|---|
| VERISOL® Bioactive Collagen Peptides | 2500mg | + |
| Cynatine® HNS (providing solubilized keratin) | 550mg | + |
| + Daily Value not established. | | |

VERISOL®원료가 사용된 콜라겐 제품의 예시

2,500mg로 적지 않은 함량의 콜라겐을 브랜드 원료로서 공급하고 있습니다.

# Supplement Facts

**Serving Size 1 Capsule**
**Servings Per Container 60**

| | Amount Per Serving | % DV |
|---|---|---|
| UC-II® Standardized Chicken Cartilage** (Providing 10mg Total Collagen, including Undernatured Type II Collagen) | 40mg | + |
| Aquamin® TG (Seaweed Derived Minerals) (Lithothamnium spp.) (Whole Plant) | 250mg | + |
| + Daily Value not established. | | |

UC-II®원료가 사용된 콜라겐 제품의 예시

관절을 타겟으로 하는 제품으로, 40mg로 상대적으로 적은 함량의 콜라겐을 사용하는 것이 특징입니다.

---

☑ **해외 콜라겐 CHECK POINT**

• Type 1&3 콜라겐과 Type-2 콜라겐 중 필요에 맞는 제품을 선택하세요.
• 브랜드 원료가 포함된 제품을 선택하는 것도 좋은 방법입니다.

좋은 콜라겐 제품과 피부 미용에 좋은 추천 영양제가 궁금하다면?
QR코드를 통해 유튜브 동영상을 확인하세요!

## 약용효모

약용효모는 모발에 필요한 영양분을 효과적으로 공급해 영양 결핍으로 인한 탈모의 보조 치료에 도움을 주는 성분입니다. 약용효모는 전 세계에서 의약품으로 판매되고 있으며, 우리나라 역시 약국에서만 구매할 수 있는 성분입니다. 일반적인 맥주효모와 혼동하기 쉬운데, 맥주효모는 탈모 치료에 아무런 검증도 되어있지 않은 성분입니다. 반드시 일반의약품으로 제작된 '약용효모' 제품을 우선으로 선택하세요.

유의해야 할 점은 약용효모는 만능이 아니라는 것입니다. 약용효모는 영양소 결핍으로 인한 탈모에 효과를 나타내는 성분입니다. 남성형 탈모나 여성형 탈모같은 호르몬으로 인한 탈모에는 효과를 나타내지 못합니다. 먼저 탈모의 정확한 원인을 찾는 것이 중요합니다. 다만 탈모는 항상 복합적인 원인으로 발생합니다. 호르몬이 탈모의 주된 요인이라고 판단되더라도, 좋지 않은 식습관이 탈모에 기여하고 있는 경우라면 약용효모를 시도해볼 수 있습니다.

"약용효모는 일반의약품으로만 만날 수 있습니다."

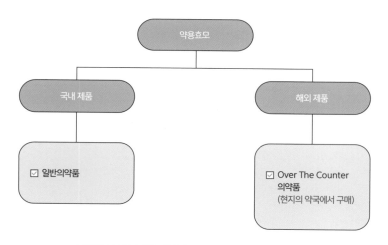

시중에서 구할 수 있는 약용효모 제품의 종류와 주요 체크포인트

## 국내 제품을 구매하는 경우

### ❶ 일반의약품 등급 여부를 확인하세요.

시중에 다양한 식품 등급의 맥주효모 제품이 있습니다만, 우리가 시도해야 할 '약용효모'는 일반의약품 제품입니다. 일반의약품에 포함되는 약용효모는 수많은 임상 연구에 사용된 원료로서, 의약품의 품질 기준으로 관리해 효과와 품질면에서 가장 신뢰도가 높은 제품입니다. 약용효모를 대체할 수 있는 맥주효모 제품은 없습니다. 약용효모는 일반의약품에만 포함되어 있다는 것을 기억하세요.

### ❷ 어떤 브랜드 제품이든 무관합니다.

일반의약품 약용효모 제품이라면, 어떤 브랜드든 동등한 효과를 나타냅니다. 약국에서 판매되는 약용효모 제품에는 굉장히 다양한 브랜드가 있는데, 모두 Pantogar®라는 제품의 제네릭으로, Pantogar®와 동일한 원료와 함량으로 구성되어 있습니다. 아래와 같이 구성된 일반의약품 제품이라면 브랜드에 상관없이 어느 제품을 구매해도 Pantogar®와 동등한 효과를 기대할 수 있습니다.

---

## 일반의약품 정보

**이 약을 사용하기 전 반드시 첨부문서를 확인하세요.**

### 【유효 성분】

| | |
|---|---:|
| 약용효모(별규) | 100mg |
| 케라틴(별규) | 20mg |
| 티아민질산염(KP) | 60mg |
| 판토텐산칼슘(KP) | 60mg |
| L-시스틴(KP) | 15mg |
| p-아미노벤조산(USP) | 6mg |

---

일반의약품 약용효모 제품의 라벨 예시

약용효모와 더불어 모발과 손톱의 성장에 도움이 될 수 있는 성분으로 구성되어 있으며,
우리나라에서 판매되는 약용효모 제품은 모두 동일한 성분 구성으로 판매되고 있습니다.

## 해외 제품을 구매하는 경우

일반의약품 약용효모 제품은 해외 직구로 구매할 수 없습니다. 만약 해외에 거주 중인 분이라면 현지의 약국에 방문해서 Pantogar® 제품이나 그와 동등한 다른 의약품을 구매하시기 바랍니다.

약용효모에 관한 자세한 정보와 모발 건강에 좋은 추천 영양제가 궁금하다면?
QR코드를 통해 유튜브 동영상을 확인하세요!

## 덱스판테놀

덱스판테놀은 주로 염증 완화와 보습 작용으로 탈모의 보조 치료에 도움을 주는 성분입니다. 경구용 덱스판테놀 제품은 전 세계에서 의약품으로 판매되고 있으며, 우리나라도 마찬가지로 탈모 치료제로서 일반의약품으로 등록되어 판매되고 있습니다. 건강기능식품이나 해외 직구로는 덱스판테놀 제품을 구할 수 없습니다.

한 가지 유념해야 할 부분은 덱스판테놀은 염증 완화를 위한 성분이라는 것입니다. 덱스판테놀 성분의 탈모 치료제는 두피의 염증 완화와 보습을 목적으로 하는 제품입니다. 약용효모와 마찬가지로, 호르몬으로 인한 탈모에는 효과를 나타내지 못합니다. 평소에 두피에 트러블이 잦은 분이나, 두피가 건조한 분께 권해드리는 약입니다. 여기에서 말하는 덱스판테놀 제품은 알약으로 된 경구용 제품을 의미합니다. 비판텐이라는 브랜드로 유명한 크림 타입의 덱스판테놀과는 다른 제품이니 주의하시기 바랍니다.

"덱스판테놀은 의약품으로만 만날 수 있습니다."

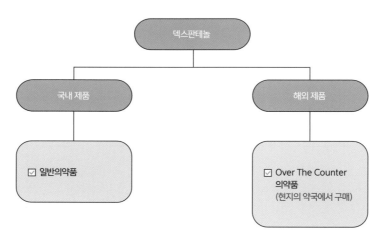

시중에서 구할 수 있는 덱스판테놀 제품의 종류와 주요 체크포인트

## 국내 제품을 구매하는 경우

### ❶ 일반의약품 등급 여부를 확인하세요.

덱스판테놀 영양제는 일반의약품으로만 판매되고 있습니다. 일부 제품은 덱스판테놀과 유사한 화학구조를 가진 판토텐산(비타민 B5)을 고함량으로 배합하여 탈모에 도움이 된다는 뉘앙스로 광고하고 있는데, 아무런 임상적인 검증도 되어있지 않습니다. 덱스판테놀의 효과를 경험하려면 반드시 일반의약품 제품을 복용하세요. 덱스판테놀은 일반의약품 제품에만 포함되어 있다는 것을 기억하세요.

### ❷ 어떤 브랜드의 제품이든 무관합니다.

일반의약품 덱스판테놀 제품이라면, 어떤 브랜드든 동등한 효과를 나타냅니다. 덱스판테놀 성분의 일반의약품에도 다양한 브랜드가 있습니다만, 모두 100mg의 덱스판테놀을 함유하는 동일한 성분의 제품입니다. 기대할 수 있는 효과 역시 동등하므로, 브랜드와 무관하게 근처 약국에서 쉽게 구할 수 있는 제품으로 선택하세요.

---

## 일반의약품 정보

**이 약을 사용하기 전 반드시 첨부문서를 확인하세요.**

**【유효 성분】**

덱스판테놀(USP) ·········································································· 100mg

---

일반의약품 덱스판테놀 제품의 라벨 예시

우리나라에서 판매되는 덱스판테놀 제품은 모두 동일한 성분 구성으로 판매되고 있습니다.

---

☑ 국내 덱스판테놀 CHECK POINT
- 일반의약품으로 된 덱스판테놀 제품을 선택하세요.
- 덱스판테놀 제품이라면 브랜드와 상관없이 모두 동일한 성분으로 구성되어 있습니다.

## 해외 제품을 구매하는 경우

일반의약품 덱스판테놀 제품은 해외 직구로 구매할 수 없습니다. 만약 해외에 거주 중인 분이라면 현지의 약국에 방문해서 Bepanthen® 100mg Tablet 제품이나 그와 동등한 다른 의약품을 구매하시기 바랍니다.

 덱스판테놀에 관한 자세한 정보와 모발 건강에 좋은 추천 영양제가 궁금하다면?
QR코드를 통해 유튜브 동영상을 확인하세요!

## 마늘 추출물

마늘은 고혈압, 고지혈증 등을 개선하여 혈관 건강 유지에 뛰어난 효과를 나타내는 성분입니다. 마늘 추출물을 영양제 형태로 섭취하면 조리 과정에서 쉽게 손실되는 Allicin 등의 유효 성분을 정확한 용량으로 섭취할 수 있습니다. 마늘 추출물은 국내 건강기능식품의 기능성 원료로 공식적으로 인정된 원료지만 실제 건강기능식품 제품을 찾기 어렵고 대부분 즙 형태의 일반 식품으로 판매되고 있습니다. 건강기능식품으로 출시된 마늘 제품이 있다면 그것이 우선 선택이고, 만약 찾기 어렵다면 해외의 제품을 구매하는 편이 더 낫습니다.

"건강기능식품 제품을 찾기 어렵다면 해외의 영양제 형태의 마늘을 구매하세요."

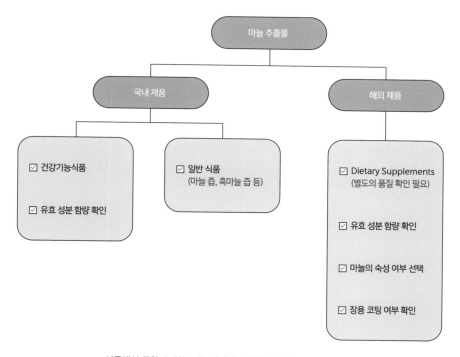

시중에서 구할 수 있는 마늘 추출물 제품의 종류와 주요 체크포인트

## 국내 제품을 구매하는 경우

### ❶ 건강기능식품으로 인정된 마늘 추출물을 구매하세요.

건강기능식품으로 인정된 제품이 가장 좋은 선택이지만 종류가 거의 없습니다. 국내에서 흔히 볼 수 있는 마늘즙 형태의 건강식품은 효능이 보장되어 있지 않습니다. 건강기능식품으로 인정된 영양제 형태의 마늘 추출물이 효능과 부작용 관리의 측면에서 더 좋은 선택입니다. 하지만 현재는 마늘 성분만 들어있는 건강기능식품을 찾기 어렵고, 마늘과 비타민이 복합된 영양제를 일부 약국에서 찾을 수 있습니다. 비타민과 마늘의 효능을 동시에 얻고자 한다면 훌륭한 선택이 되겠으나, 마늘만의 효능을 영양제로 체험하려면 현재로서는 해외의 제품을 구매하는 방법밖에 없습니다.

### ❷ 알리인이 10mg 이상인 제품이 좋습니다.

국내의 건강기능식품 마늘 영양제는 알리인이라는 성분을 유효 성분으로서 품질 평가에 활용하고 있으며, 공식적으로 마늘의 기능성이 인정된 제품은 라벨에 알리인의 함량이 표기되어 있습니다. 라벨에 마늘의 기능성이 제대로 표기되어 있는지, 알리인의 함량이 10mg 이상인지 여부를 반드시 확인하세요.

### 마늘 : 혈중 콜레스테롤 개선에 도움을 줄 수 있음

1일 섭취량 : 1정(500mg)

| 1일 섭취량 당 | 함량 | % 영양 성분기준치 |
|---|---|---|
| 열량 | 10kcal | |
| 탄수화물 | 0g | 0% |
| 단백질 | 0g | 0% |
| 지방 | 1g | 2% |
| 나트륨 | 5mg | 0% |
| 알리인 | 11mg | |

국내 건강기능식품 마늘 추출물 영양제의 라벨 예시

마늘의 기능성 문구가 표기되어 있고 유효 성분인 알리인의 함량이 정확하게 표기되어 있습니다.

☑ 국내 마늘 추출물 CHECK POINT
• 국내 제품은 건강기능식품으로 구매하되, 라벨에 마늘의 기능성 표기와 알리인 함량이 10mg 이상인지 꼭 확인하세요.

## 해외 제품을 구매하는 경우

**❶ 유효 성분인 Alliin, Allicin 또는 SAC의 함량이 표기된 제품을 선택하세요.**

일부 마늘 영양제는 마늘 추출물(Extract)의 함량만을 기재하고 있습니다. 하지만 실제로 중요한 것은 추출물 전체의 함량이 아닌, 유효 성분이 얼마나 포함되어 있는지 여부입니다. Alliin이나 Allicin, 또는 SAC의 함량이 정확하게 표기된 제품을 선택하세요. 유효 성분의 함량이 표기되어 있다는 것은 제조사에서 이 유효 성분을 정확하게 표준화하여 관리하고 있음을 의미합니다.

# Supplement Facts

**Serving Size 1 Tablet**

| | Amount Per Serving | % DV |
|---|---|---|
| Garlic (Allium sativum) Bulb Extract standardized to contain 3.4% alliin (10.88mg) | 320mg | + |
| + Daily Value not established. | | |

마늘 추출물 영양제의 라벨 예시

유효 성분인 Alliin의 함량이 3.4%로 정확하게 표기되어 있습니다.

**❷ 제품의 함량이 적절한지 확인하고 유효 성분이 너무 적게 포함된 제품은 피하세요.**

제품마다 유효 성분의 표기 방식이 다릅니다. 대부분의 제품이 Alliin, Allicin, 또는 SAC 중 한가지 성분의 유효 성분을 표기하고 있으며, 어떤 제품은 유효 성분을 퍼센트(%)로 표기하고 있고, 어떤 제품은 용량(mg 또는 mcg)으로 표기하고 있습니다. 퍼센트로 표기된 경우 추출물의 용량을 통해 환산해서 유효 성분의 용량을 계산할 수 있습니다. 예를 들어, 100mg의 추출물 중 3%의 Alliin이 함유되어 있다면, 3mg의 Alliin이 포함된 것입니다. 각 유효 성분의 적정 용량은 아래와 같습니다.

| | |
|---|---|
| Alliin | 1일 10,000mcg(10mg) 이상 |
| Allicin | 1일 5,000mcg(5mg) 이상 |
| SAC | 1일 600mcg(0.6mg) 이상 |

**❸ 숙성 마늘의 사용 여부는 크게 관계없습니다.**

대부분의 마늘 추출물 영양제는 비숙성 마늘(Non-Aged Garlic) 제품이지만, 일부 제품은 숙성 마늘(Aged Garlic)을 제공하고 있습니다. 숙성 마늘이 더 좋다는 이야기도 있으나 사실이 아닙니다. 마늘에 관한 대부분의 연구는 비숙성 마늘을 통해 이루어졌으며, 숙성 마늘도 비숙성 마늘만큼 효과가 나타난다는 것이 후속 연구를 통해 드러나고 있습니다. 결론적으로 숙성 마늘과 비숙성 마늘 둘 다 효과적입니다. 연구가 더 잘 된 마늘은 비숙성 마늘이나, 어떤 제품을 섭취해도 상관없습니다.

**❹ 위가 예민한 분은 장용 코팅(Enteric Coating) 제품을 선택하세요.**

마늘 영양제의 가장 흔한 부작용은 속쓰림 등의 위장 장애입니다. 마늘의 자극적인 향을 떠올리면 쉽게 이해될 것입니다. 일부 제품은 이런 부작용을 보완하고자 마늘이 위에서 붕해되지 않도록 장용 코팅(Enteric Coating)을 정제에 적용하였습니다. 가격은 다소 올라가지만, 위가 예민한 분이라면 장용 코팅이 된 제품이 더 좋은 선택입니다. 장용 코팅 제품은 케이스에 Enteric-Coated Tablet이라는 표현이 기재되어 있습니다.

> ☑ **해외 마늘 추출물 CHECK POINT**
> • 유효 성분의 함량이 정확하게 표기된 제품을 선택하세요.
> • 제품의 함량이 적절한지 확인하세요.
> • 마늘의 숙성 여부는 크게 중요하지 않습니다.
> • 위가 예민한 분은 장용 코팅된 제품을 선택하세요.

좋은 마늘 추출물 제품과 혈관에 좋은 추천 영양제가 궁금하다면?
QR코드를 통해 유튜브 동영상을 확인하세요!

PART

# 03

# 가장 많이 하는
# 질문 BEST 10

# 먹는 영양제가
# 너무 많은데 괜찮은가요?

다양한 종류의 영양제를 섭취 중인 분이라면 누구나 이런 고민을 갖고 계실 것입니다. 특히 간이나 신장에 손상이 간다는 이야기를 주변에서 듣고 영양제의 종류를 줄이고자 하는 분도 상당히 많은데요. 결론적으로, 단순히 다양한 영양제를 섭취하는 것만으로 간이나 신장에 부담을 준다는 근거는 없습니다. 영양제로 인해 간이나 신장이 손상된 사례는 대부분 특정 영양제의 허브 성분이 문제가 되었거나, 검출되지 말아야 하는 중금속, 스테로이드 등의 이물질이 직접적으로 장기에 손상을 일으킨 케이스입니다. 간과 신장에 안전한 것으로 알려진 영양제만 섭취한다면 여러 종류의 영양제를 섭취해도 문제없습니다.

단, 원래 간이나 신장에 이상이 있는 분은 새로운 영양제를 시도할 때 한 번에 한 종류의 영양제만 추가하면서 간이나 신장에 영향이 가지 않는지 체크하는 편이 좋습니다. 비타민이나 마그네슘과 같은 필수 영양소를 주성분으로 하는 영양제의 경우 문제의 소지가 매우 작지만, 아슈와간다나 커큐민과 같은 허브 성분의 경우 비교적 효력이 강하고 약물 상호작용이 있어, 간이나 신장이 이미 손상된 분께서 시도하는 경우에는 신중하게 건강 상태를 관찰하는 편이 좋습니다.

"단순히 다양한 영양소를 섭취하는 것은 괜찮습니다.
단, 간과 신장에 이상이 있는 분은 섭취 시작 후
건강 상태를 주의 깊게 체크하는 편이 좋습니다."

이 성분들은 간독성, 또는 신장 독성의 보고가 있었던 성분들로, 이 성분들 외에도 제대로 정제되지 않은 그 어떤 영양제도 불순물로 인해 간이나 신장에 손상을 일으킬 수 있습니다. 반드시 믿을 수 있는 브랜드의 검증된 제품을 정해진 용량으로 섭취하기 바랍니다.

### 간에 독성을 일으킨 사례가 있는 영양제

녹차 추출물(Green Tea Extract)

카바(Kava)

공액리놀레산(Conjugated Linoleic Acid, CBD)

노니(Noni)

홍국 추출물(Red Yeast Rice)

CBD(Cannabidiol)

아슈와간다(Ashwagandha)

서양 승마(Black Cohosh)

발레리안(Valerian)

※ 예시

근육 증진용 영양제*(Muscle Enhancements)

과량의 비타민 A

과량의 비타민 B₃

* 주로 불법으로 첨가된 스테로이드 약물로 인한 손상

### 신장에 독성을 일으킨 사례가 있는 영양제

중국주목(Taxus Celbica)

Callilepis Laureola

Cupressus Funebris Endl

세인트존스워트(St. John's wort, Hypericum Perforatum)

뇌공등(Thundergod Vine)

남가새(Tribulus Terrestris)

향쑥(Wormwood)

클로렐라(Chlorella)

크롬(Chromium)

크레아틴(Creatine)

글루코사민(Glucosamine)

과량의 비타민 A

과량의 비타민 C

과량의 비타민 D

## 영양제는
## 언제 먹는 것이 가장 좋은가요?

대부분의 영양제는 하루 중 어느 때 섭취해도 큰 관계가 없습니다. 정확히는, 식사 시간과의 상관관계가 밝혀지지 않은 영양제가 대부분입니다. 따라서 라벨에 기재된대로 섭취하되, 정 섭취하기 불편하다면 다른 영양제와 시간을 맞춰 동시에 섭취하는 것도 좋은 방법입니다. 영양제는 정확한 시간에 먹는 것 보다 꾸준히 섭취하는 것이 더 중요합니다. 시간을 지키려다 오히려 깜빡하고 영양제 섭취를 못하는 일이 발생한다면, 아무때나 섭취하느니만도 못한 결과를 낳게 됩니다.

"라벨에 기재된 대로 섭취하는 것을 기본으로 하되,
섭취 시간을 지키기 어렵다면 그냥 편한 시간에 섭취하세요."

---

참고 : 일반적으로 알려진 영양제들의 복용법

• 지용성 비타민(비타민 A, D, E, K) : 기름진 식사 후 섭취
• 수용성 비타민(비타민 B, C) : 하루 중 자유로운 시간에 섭취, 위가 예민한 경우 식후 섭취
• 미네랄(철분, 칼슘, 마그네슘, 아연 등) : 하루 중 자유로운 시간에 섭취
• 오메가-3 : 식후 섭취
• 유산균 : 공복 섭취

# 처방 의약품을 복용 중인데
# 영양제를 함께 먹어도 괜찮은가요?

대부분의 영양제는 괜찮습니다. 다만 일부 영양제는 처방 의약품의 흡수나 대사에 영향을 주어 의도한 치료 효과가 나타나지 않고, 오히려 부작용을 야기할 수 있습니다. 영양제와 의약품의 상호작용은 현재도 계속 연구가 이루어지고 있으며, 언제든 새로운 상호작용이 밝혀질 수 있습니다. 의약품을 복용 중이라면 반드시 영양제 구매 전에 전문가와의 상담 하에 영양제 섭취를 결정하시기 바랍니다.

"상호작용 확인을 위해, 반드시 영양제 섭취 전에 전문가와 상담하세요."

### 참고 : 주의해야 할 영양제들의 상호작용

| 복용 의약품 | 주의해야 할 영양제 | 상호작용 발생 위험 | 사유 |
|---|---|---|---|
| 고혈압 치료제 | 오메가-3<br>마그네슘<br>아슈와간다<br>테아닌<br>코엔자임큐텐 | 낮음<br>낮음<br>낮음<br>낮음<br>낮음 | 일시적인 저혈압 유발 가능 |
| 당뇨 치료제 | 밀크시슬<br>빌베리<br>생강<br>커큐민<br>아슈와간다 | 낮음<br>낮음<br>낮음<br>주의<br>낮음 | 일시적인 저혈당 유발 가능 |
| 혈액 응고 억제제 | 밀크시슬<br>빌베리<br>생강<br>오메가-3<br>콘드로이틴<br>마늘 추출물<br>피크노제놀 | 낮음<br>낮음<br>주의<br>고용량 섭취 시 주의<br>낮음<br>낮음<br>낮음 | 혈액 응고 억제제와 유사한 작용을 나타내 출혈이 쉽게 멎지 않을 우려가 있음 |
|  | 비타민 K<br>코엔자임큐텐 | 주의<br>주의 | 와파린의 작용을 방해해 혈액 응고가 촉진될 수 있음(와파린과 다른 작용 기전을 가진 혈액 응고 억제제의 경우 상호작용이 나타날 우려가 매우 적음) |

| | | | |
|---|---|---|---|
| 갑상선 호르몬제 | 아슈와간다 | 주의 | 갑상선 호르몬의 수치를 높여, 갑상선항진증 의약품의 효과가 감소할 수 있음 |
| 여성 호르몬제 | 밀크씨슬 | 낮음 | 여성호르몬 유사작용으로 난소암, 유방암 등의 위험이 있는 분은 주의해야 함 |
| 항생제 | 칼슘<br>마그네슘<br>철분<br>아연 | 주의<br>주의<br>주의<br>주의 | 일부 항생제와 병용 시 서로 결합하여 항생제의 치료 효과가 크게 감소할 수 있음 |
| 골다공증 치료제 | 칼슘<br>마그네슘<br>철분<br>아연 | 주의<br>주의<br>주의<br>주의 | 일부 골다공증 치료제와 병용 시 서로 결합하여 치료효과가 크게 감소할 수 있음 |
| 수면제/신경안정제 | 라벤더<br>테아닌<br>발레리안 | 낮음<br>낮음<br>낮음 | 수면제나 신경안정제의 작용을 증강시켜 피로감, 어지러움 등의 부작용이 악화될 수 있음 |
| 면역억제제 | 아슈와간다<br>오메가-3 | 주의<br>고용량 섭취 시 주의 | 면역억제제의 효과가 감소할 수 있음<br>면역억제제의 혈중 농도가 증가할 수 있음 |
| 간 대사의<br>영향을 받는 약물 | 밀크씨슬<br>생강<br>커큐민<br>피페린 | 낮음<br>낮음<br>낮음<br>주의 | 간 대사 효소 CYP3A4, CYP 2C9 등에 작용하여 일부 약물의 작용을 변화시킬 수 있음. (일부 항전간제, 경구용피임약, 일부 진통제, 항암제 등) |

- 상호작용 발생 위험 '낮음' : 이론적으로는 나타날 수 있으나 실제 임상에서의 보고 사례가 없는 경우 상호작용 발생 위험을 '낮음'으로 표기하였습니다. 이 경우 의약품과 병용해도 부작용이 나타날 가능성이 매우 적으나, 체감할 만한 부작용이 발생하는 경우 영양제 섭취를 바로 중단하시기 바랍니다.

- 상호작용 발생 위험 '주의' : 실제로 상호작용이 나타난 사례가 있는 경우 '주의'로 표기하였습니다. 해당하는 의약품을 복용 중인 경우 영양제 섭취 전에 반드시 전문가와 상담하세요.

- 상기 리스트에 없는 영양제에도 상호작용이 있을 수 있습니다. 특히 허브로부터 추출한 영양제를 섭취하실 경우 섭취 전에 반드시 전문가에게 상호작용에 관해 논의 후 섭취하기 바랍니다.

# 약사는 절대
# 먹지 않는 영양제가 있나요?

저의 기준에서 절대로 섭취하거나 권하지 않는 제품은 바로 허브 혼합물(Herb Blend)이 배합된 영양제입니다. 해외의 영양제 중 흔히 볼 수 있는 사례로, 여러 종류의 생소한 허브를 혼합하며 폐 건강, 간 건강 등 특정 효과를 표방하는 제품들이 있습니다. 대부분 허브의 개별적인 함량을 표기하지 않아 효과를 예측하기 어려우며, 각각의 허브들 또한 임상적인 근거가 매우 부족합니다. 특히 허브 혼합물은 간 손상을 일으키는 사례가 가장 많은 영양제입니다. 여러 허브를 혼합하는 과정에서 정제되지 않은 원료가 혼입되어 손상을 일으키는 것으로 추정됩니다. 이런 제품은 반드시 피하셔야 합니다.

"허브 혼합물(Herb Blend)이 혼합된 영양제는 반드시 피하세요."

# Supplement Facts

**Serving Size 1 Capsule**

|  | Amount Per Serving | % DV |
|---|---|---|
| Vitamin C (as Ascorbic acid) | 30mg | 50% |
| Vitamin B6 (as Pyridoxine HCl) | 40mg | 2,500% |
| **Proprietary Blend**<br>Marshmallow (Althea officinalis) (root), Lobelia (Lobelia inflate) (aerial), Boswellia serrata (gum extract), Piper longum (fruit extract), Tylophora asthmatica (root extract), Licorice (Glycyrrhiza glabra) (root extract), Ginger (Zingiber officinale) (root), Adhatoda vasica (Justica adhatoda) (leaf), N-Acetyl cysteine (NAC), and BioPerine® (Piper nigrum) (fruit extract). | 385mg | + |
| + Daily Value not established. | | |

Herb Blend 영양제의 라벨 예시

여러 가지 허브가 혼합되어 있지만 각각의 함량이 명확하지 않으며
이런 종류의 제품은 과학적인 근거가 매우 부족할 뿐 아니라 위험할 수 있습니다.

# TV에서 이런 영양제가
# 좋다고 하는데 진짜인가요?

TV에서 어떤 전문가가 좋다고 소개하는 프로그램을 보고, 또는 SNS의 인플루언서가 효과를 봤다는 글을 읽고 영양제를 구매하는 분이 많습니다. 유명하거나 권위있는 사람이 소개하면 왠지 더 좋은 성분일 것 같은 느낌이 들기 마련입니다. 하지만 아쉽게도, 이런 식으로 소개되는 대다수의 영양제는 실제 효능과는 거리가 있습니다. 좋은 영양제가 유명해지는 일은 드물고, 단순히 마케팅에 돈을 많이 들인 영양제가 유명해지는 것이 현실입니다. TV에서 소개되는 내용들이 완전히 거짓된 내용이라고 볼 수는 없습니다. 하지만 근거라고 보기 어려운 일부 작은 연구 결과를 부풀려 대단한 성분을 발견한 것처럼 소개하는 경우가 대부분입니다. 만약 TV에서 듣도 보도 못한 성분이 갑자기 몸에 좋다고 소개되고 있다면, 구매하기에 앞서 믿을 수 있는 전문가에게 상담을 받아보세요.

"유명하다고 좋은 영양제는 아닙니다. 구매하기에 앞서 전문가에게 직접 상담을 받아보세요."

전문가나 인플루언서가 소개하는 영양제라고 반드시 효과가 좋은 것은 아닙니다.

# 임산부는
# 어떤 영양제를 먹어야 하나요?

임산부에게 가장 중요한 영양제는 엽산입니다. 엽산의 결핍은 태아에게 신경관 결손이라는 치명적인 질병을 유발할 수 있어, 반드시 충분한 양(400mcg 이상)의 엽산을 최소 임신 1개월 전부터 섭취해야 합니다. 엽산 외의 성분은 상대적으로 중요성이 떨어지지만, 비타민과 칼슘, 철분 등의 미네랄 그리고 오메가-3는 식사를 통해 섭취하고 만약 식사로 충분히 섭취하지 못한다면 부족한 양만큼 영양제로 보충하는 편이 좋습니다.

"엽산은 물론 비타민과 미네랄, 그리고 오메가-3가 결핍되지 않게 주의하세요!"

---

## 일반의약품 정보

**이 약을 사용하기 전 반드시 첨부문서를 확인하세요.**

### 【유효 성분】

| | |
|---|---|
| 니코틴산아미드(KP) | 19mg |
| 리보플라빈(KP) | 1.6mg |
| 비오틴(USP) | 0.3mg |
| 산화마그네슘(마그네슘으로서 100mg)(KP) | 168.85mg |
| 산화아연(아연으로서 13mg)(KP) | 16.18mg |
| 산화제이구리(구리로서 1mg)(KP) | 1.26mg |
| 시아노코발라민1%(시아노코발라민으로서 18ug)(별규) | 1.8mg |
| 유비데카레논(KP) | 10mg |
| 제피아스코르브산(아스코르브산으로서 200mg)(별규) | 205.13mg |
| 토코페롤아세테이트2배산(비타민E로서 30IU)(KP) | 60mg |
| 티아민질산염(KP) | 1.4mg |
| 판토텐산칼슘(KP) | 10mg |
| 폴산(USP) | 0.5mg |
| 푸마르산철(철로서 35mg)(KP) | 35mg |
| 피리독신염산염(KP) | 2mg |
| 황산망간수화물(망간으로서 1mg)(USP) | 1mg |

일반의약품 임산부용 멀티비타민의 라벨 예시

전반적인 함량이 1일 권장량에 맞춰서 설계되어 있고, 철분이 함유되어 있는 것이 특징입니다.
칼슘과 오메가-3는 식사로 충분히 섭취를 못할 경우에,
철분은 혈액 검사에서 부족한 것으로 드러났을 때 영양제를 통해 추가로 섭취해야 합니다.

# 어린이는
# 어떤 영양제를 먹어야 하나요?

간혹 아이에게 의무적으로 영양제를 먹이고자 하는 부모님을 볼 수 있습니다만, 어린이에게 필수적인 영양제란 존재하지 않습니다. 아이가 과일과 채소, 그리고 육류와 견과류, 생선 등 평소에 골고루 식사한다면 굳이 아이에게 영양제를 줄 필요가 없습니다. 단, 아이가 편식이 심하고 식사량이 적다면 영양소의 결핍을 막기 위해 비타민과 미네랄, 그리고 오메가-3와 단백질을, 배변 활동에 문제가 있다면 유산균을 추가로 보충하는 것이 도움이 될 수 있습니다. 특히 단백질은 성장에 가장 중요한 성분임에도 의외로 많은 분께서 그 중요성을 간과하고 있습니다. 육류나 계란 등을 평소에 적게 섭취하는 아이라면 단백질을 반드시 추가로 보충하길 권해드립니다.

"영양 결핍이 우려되는 영양소 위주로 보충해주세요. 특히 단백질이 중요합니다!"

> **참고 : 어린 아이 영양소 공급의 예시**
> • 아이가 과일을 잘 먹지 않는 경우 : 1일 권장량만큼의 비타민과 미네랄 보충
> • 아이가 생선을 잘 먹지 않는 경우 : 1일 약 300~500mg 내외의 오메가-3 보충
> • 아이가 육류나 계란을 잘 먹지 않는 경우 : 식사로 섭취하는 양을 포함해서 체중 1kg당 0.8~1g 내외의 단백질을 섭취하도록 보충
> • 아이가 변비나 설사로 고생하는 경우 : 1억 CFU 이상의 유산균 보충

평소에 식사를 골고루 하는 아이라면 굳이 영양제를 챙기지 않아도 괜찮습니다.

## 마그네슘과 칼슘을
## 꼭 함께 섭취하라던데 사실인가요?

마그네슘과 칼슘을 꼭 함께 섭취해야 한다는 말은 사실이 아닙니다. 본인에게 부족한 영양소만 선택해서 섭취하면 됩니다. 마그네슘이 결핍된 경우 칼슘의 흡수에 지장이 생기는 것이 사실이나, 이미 적절한 마그네슘 수치를 유지하고 있는 경우에는 굳이 마그네슘을 동시에 섭취하지 않아도 칼슘을 충분히 흡수할 수 있습니다. 칼슘과 마그네슘을 동시에 섭취하는 것은 큰 의미가 없고, 오히려 서로의 흡수를 방해할 여지가 있습니다.

칼슘과 마그네슘은 2:1로 섭취해야 좋다는 이야기도 논란이 많습니다. 식단이 서구화될수록 식사로부터 섭취하는 칼슘의 양은 증가하는 반면 마그네슘의 양은 감소하게 됩니다. 마그네슘 대비 칼슘의 섭취량이 높을수록 쉽게 염증이 발생하고, 특히 고용량의 칼슘 영양제가 혈관의 석회화를 유발한다는 사실이 연구를 통해 밝혀졌습니다. 2:1의 비율은 이제 잊고, 칼슘보다는 마그네슘에 투자하기를 권해드립니다. 칼슘은 식사로부터 충족하지 못하는 양만큼만 정확히 계산해서 섭취하시면 됩니다.

"칼슘은 부족한 만큼만 섭취하고, 더욱 결핍되기 쉬운 마그네슘에 집중하세요."

서구화된 식단 하에는 칼슘보다는 마그네슘의 보충에 더 신경 써주세요.

# 영양제는 얼마나 섭취해야
# 효과가 나타나나요?

영양제는 진통제나 고혈압약과 같은 의약품과는 달리, 효과가 바로 나타나지 않습니다. 효과가 나타나는 시간은 영양제의 종류에 따라 다르고, 섭취하는 사람의 컨디션이나 체질에 따라서도 달라질 수 있습니다. 섭취 기간을 정하는 가장 좋은 방법은, 임상 연구 당시에 투여했던 기간에 따르는 것입니다. 예를 들어 빌베리는 12주간의 임상 연구를 통해 눈의 피로 개선 효과를 확인한 바 있습니다. 따라서 빌베리가 본인에게 효과가 있을지 판단하기 위해 최소 12주는 섭취하며 지켜볼 가치가 있는 것입니다.

하지만 섭취하는 모든 영양제에 대한 임상 연구를 확인하는 것은 상당히 어려운 일입니다. 따라서 영양제의 가장 일반적인 임상 연구 기간이자, 단기간 섭취의 마지노선이라고 볼 수 있는 '3개월'은 최소한으로 섭취해보고 본인에게 맞는지 아닌지 판단하기를 권해드립니다.

"영양제는 최소 3개월은 섭취해보고 효과를 판단하세요."

영양제의 효과를 판단하기 위해 최소 3개월은 섭취해보길 권해드립니다.

# 영양제를
# 장기간 섭취해도 괜찮은가요?

아직까지 대부분의 영양제는 장기간 섭취의 안전성이 정확하게 밝혀지지 않았습니다. 어떤 영양제가 1년간 섭취해도 안전한지 확인하려면, 통제된 환경에서 1년 이상의 임상 연구를 진행해 대조군 대비 실제 제품의 부작용 빈도에 차이가 없다는 사실을 확인해야 합니다. 하지만 대부분의 영양제 성분은 이런 연구가 아예 진행되지 않았습니다.

하지만 너무 걱정하지 않아도 괜찮습니다. 대부분의 영양제는 체감할만한 특별한 부작용이 없는 경우 장기간으로 섭취해도 문제 발생의 소지가 매우 적습니다. 단, 커큐민이나 아슈와간다 같은 허브 성분은 체감되는 효과가 없다면 3개월 이상 섭취하지 않기를 권해드리고, 일반적인 비타민이나 미네랄 영양제도 장기간 복용 시 가능하면 믿을만한 업체의 양질의 제품을 섭취하기 바랍니다.

> "대부분의 영양제는 장기간 섭취해도 부작용이 나타날 우려가 적습니다.
> 단, 허브로 된 성분은 체감되는 효과가 없다면 장기 복용을 피하세요.
> 그리고 장기간 섭취할 영양제는 반드시 좋은 품질의 제품을 고르세요."

장기적으로 섭취할 영양제는 반드시 양질의 제품을 선택하세요.

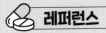 

- Young LM, Pipingas A, White DJ, Gauci S, Scholey A. A Systematic Review and Meta-Analysis of B Vitamin Supplementation on Depressive Symptoms, Anxiety, and Stress: Effects on Healthy and 'At-Risk' Individuals. Nutrients. 2019 Sep 16;11(9):2232. doi: 10.3390/nu11092232. PMID: 31527485; PMCID: PMC6770181.

- Pratte MA, Nanavati KB, Young V, Morley CP. An alternative treatment for anxiety: a systematic review of human trial results reported for the Ayurvedic herb ashwagandha (Withania somnifera). J Altern Complement Med. 2014 Dec;20(12):901-8. doi: 10.1089/acm.2014.0177. PMID: 25405876; PMCID: PMC4270108.

- Langade D, Thakare V, Kanchi S, Kelgane S. Clinical evaluation of the pharmacological impact of ashwagandha root extract on sleep in healthy volunteers and insomnia patients: A double-blind, randomized, parallel-group, placebo-controlled study. J Ethnopharmacol. 2021 Jan 10;264:113276. doi: 10.1016/j.jep.2020.113276. Epub 2020 Aug 17. PMID: 32818573.

- Abenavoli L, Izzo AA, Milić N, Cicala C, Santini A, Capasso R. Milk thistle (Silybum marianum): A concise overview on its chemistry, pharmacological, and nutraceutical uses in liver diseases. Phytother Res. 2018 Nov;32(11):2202-2213. doi: 10.1002/ptr.6171. Epub 2018 Aug 6. PMID: 30080294.

- Fukui H. Leaky Gut and Gut-Liver Axis in Liver Cirrhosis: Clinical Studies Update. Gut Liver. 2021 Sep 15;15(5):666-676. doi: 10.5009/gnl20032. PMID: 33071239; PMCID: PMC8444108.

- Nabavi S, Rafraf M, Somi MH, Homayouni-Rad A, Asghari-Jafarabadi M. Effects of probiotic yogurt consumption on metabolic factors in individuals with nonalcoholic fatty liver disease. J Dairy Sci. 2014 Dec;97(12):7386-93. doi: 10.3168/jds.2014-8500. Epub 2014 Oct 11. PMID: 25306266.

- Carr AC, Maggini S. Vitamin C and Immune Function. Nutrients. 2017 Nov 3;9(11):1211. doi: 10.3390/nu9111211. PMID: 29099763; PMCID: PMC5707683.

- Aranow C. Vitamin D and the immune system. J Investig Med. 2011 Aug;59(6):881-6. doi: 10.2310/JIM.0b013e31821b87Prietl B, Treiber G, Pieber TR, Amrein K. Vitamin D and immune function. Nutrients. 2013 Jul 5;5(7):2502-21. doi: 10.3390/nu5072502. PMID: 23857223; PMCID: PMC3738984.55. PMID: 21527855; PMCID: PMC3166406.

- Baeke F, Takiishi T, Korf H, Gysemans C, Mathieu C. Vitamin D: modulator of the immune system. Curr Opin Pharmacol. 2010 Aug;10(4):482-96. doi: 10.1016/j.coph.2010.04.001. Epub 2010 Apr 27. PMID: 20427238.

- Bonaventura P, Benedetti G, Albarède F, Miossec P. Zinc and its role in immunity and inflammation. Autoimmun Rev. 2015 Apr;14(4):277-85. doi: 10.1016/j.autrev.2014.11.008. Epub 2014 Nov 24. PMID: 25462582.

- Burt LA, Billington EO, Rose MS, Kremer R, Hanley DA, Boyd SK. Adverse Effects of High-Dose Vitamin D Supplementation on Volumetric Bone Density Are Greater in Females than Males. J Bone Miner Res. 2020 Dec;35(12):2404-2414. doi: 10.1002/jbmr.4152. Epub 2020 Sep 16. PMID: 32777104.

- Ozawa Y, Kawashima M, Inoue S, Inagaki E, Suzuki A, Ooe E, Kobayashi S, Tsubota K. Bilberry extract supplementation for preventing eye fatigue in video display terminal workers. J Nutr Health Aging. 2015 May;19(5):548–54. doi: 10.1007/s12603-014-0573-6. PMID: 25923485.

• Kosehira M, Machida N, Kitaichi N. A 12-Week-Long Intake of Bilberry Extract (Vaccinium myrtillus L.) Improved Objective Findings of Ciliary Muscle Contraction of the Eye: A Randomized, Double-Blind, Placebo-Controlled, Parallel-Group Comparison Trial. Nutrients. 2020 Feb 25;12(3):600. doi: 10.3390/nu12030600. PMID: 32106548; PMCID: PMC7146147.

• Giannaccare G, Pellegrini M, Sebastiani S, Bernabei F, Roda M, Taroni L, Versura P, Campos EC. Efficacy of Omega-3 Fatty Acid Supplementation for Treatment of Dry Eye Disease: A Meta-Analysis of Randomized Clinical Trials. Cornea. 2019 May;38(5):565–573. doi: 10.1097/ICO.0000000000001884. PMID: 30702470.

• Ton J, Korownyk C. Omega-3 supplements for dry eye. Can Fam Physician. 2018 Nov;64(11):826. PMID: 30429179; PMCID: PMC6234923.

• Weigert G, Kaya S, Pemp B, Sacu S, Lasta M, Werkmeister RM, Dragostinoff N, Simader C, Garhöfer G, Schmidt-Erfurth U, Schmetterer L. Effects of lutein supplementation on macular pigment optical density and visual acuity in patients with age-related macular degeneration. Invest Ophthalmol Vis Sci. 2011 Oct 17;52(11):8174–8. doi: 10.1167/iovs.11-7522. PMID: 21873668.

• Aragon G, Graham DB, Borum M, Doman DB. Probiotic therapy for irritable bowel syndrome. Gastroenterol Hepatol (N Y). 2010 Jan;6(1):39–44. PMID: 20567539; PMCID: PMC2886445.

• Anh NH, Kim SJ, Long NP, Min JE, Yoon YC, Lee EG, Kim M, Kim TJ, Yang YY, Son EY, Yoon SJ, Diem NC, Kim HM, Kwon SW. Ginger on Human Health: A Comprehensive Systematic Review of 109 Randomized Controlled Trials. Nutrients. 2020 Jan 6;12(1):157. doi: 10.3390/nu12010157. PMID: 31935866; PMCID: PMC7019938.

• Liu X, Machado GC, Eyles JP, Ravi V, Hunter DJ. Dietary supplements for treating osteoarthritis: a systematic review and meta-analysis. Br J Sports Med. 2018 Feb;52(3):167–175. doi: 10.1136/bjsports-2016-097333. Epub 2017 Oct 10. PMID: 29018060.

• Daily JW, Yang M, Park S. Efficacy of Turmeric Extracts and Curcumin for Alleviating the Symptoms of Joint Arthritis: A Systematic Review and Meta-Analysis of Randomized Clinical Trials. J Med Food. 2016 Aug;19(8):717–29. doi: 10.1089/jmf.2016.3705. PMID: 27533649; PMCID: PMC5003001.

• de Miranda RB, Weimer P, Rossi RC. Effects of hydrolyzed collagen supplementation on skin aging: a systematic review and meta-analysis. Int J Dermatol. 2021 Dec;60(12):1449–1461. doi: 10.1111/ijd.15518. Epub 2021 Mar 20. PMID: 33742704.

• Dhaliwal S, Nguyen M, Vaughn AR, Notay M, Chambers CJ, Sivamani RK. Effects of Zinc Supplementation on Inflammatory Skin Diseases: A Systematic Review of the Clinical Evidence. Am J Clin Dermatol. 2020 Feb;21(1):21–39. doi: 10.1007/s40257-019-00484-0. PMID: 31745908.

• Yee BE, Richards P, Sui JY, Marsch AF. Serum zinc levels and efficacy of zinc treatment in acne vulgaris: A systematic review and meta-analysis. Dermatol Ther. 2020 Nov;33(6):e14252. doi: 10.1111/dth.14252. Epub 2020 Sep 15. PMID: 32860489.

- Hosking AM, Juhasz M, Atanaskova Mesinkovska N. Complementary and Alternative Treatments for Alopecia: A Comprehensive Review. Skin Appendage Disord. 2019 Feb;5(2):72-89. doi: 10.1159/000492035. Epub 2018 Aug 21. PMID: 30815439; PMCID: PMC6388561.

- Mah J, Pitre T. Oral magnesium supplementation for insomnia in older adults: a Systematic Review & Meta-Analysis. BMC Complement Med Ther. 2021 Apr 17;21(1):125. doi: 10.1186/s12906-021-03297-z. PMID: 33865376; PMCID: PMC8053283.

- Manson JE, Cook NR, Lee IM, Christen W, Bassuk SS, Mora S, Gibson H, Albert CM, Gordon D, Copeland T, D'Agostino D, Friedenberg G, Ridge C, Bubes V, Giovannucci EL, Willett WC, Buring JE; VITAL Research Group. Marine n-3 Fatty Acids and Prevention of Cardiovascular Disease and Cancer. N Engl J Med. 2019 Jan 3;380(1):23-32. doi: 10.1056/NEJMoa1811403. Epub 2018 Nov 10. PMID: 30415637; PMCID: PMC6392053.

- Xiong XJ, Wang PQ, Li SJ, Li XK, Zhang YQ, Wang J. Garlic for hypertension: A systematic review and meta-analysis of randomized controlled trials. Phytomedicine. 2015 Mar 15;22(3):352-61. doi: 10.1016/j.phymed.2014.12.013. Epub 2015 Feb 4. PMID: 25837272.

- Schwingshackl L, Missbach B, Hoffmann G. An umbrella review of garlic intake and risk of cardiovascular disease. Phytomedicine. 2016 Oct 15;23(11):1127-33. doi: 10.1016/j.phymed.2015.10.015. Epub 2015 Nov 14. PMID: 26656227.

- Wlosinska M, Nilsson AC, Hlebowicz J, Hauggaard A, Kjellin M, Fakhro M, Lindstedt S. The effect of aged garlic extract on the atherosclerotic process - a randomized double-blind placebo-controlled trial. BMC Complement Med Ther. 2020 Apr 29;20(1):132. doi: 10.1186/s12906-020-02932-5. PMID: 32349742; PMCID: PMC7191741.

## 출간 이벤트
# 당신을 위한 솔루션 플러스

### ➕ 서비스1. 영양제 제품 추천 리스트

영상과 도서를 통해 소개한 제품을 리스트로 정리하였습니다. 성분별/기능별로 효과적인 영양제를 쉽게 확인하실 수 있습니다. 이 사이트에서 소개하는 영양제는 그 어떤 광고나 협찬과도 무관하며, 앞으로도 광고나 협찬은 없을 예정입니다.

추천 리스트
바로가기

### ➕ 서비스2. 약사 선생님과 1:1 랜선 상담

궁금한 점이 있다면 주저하지 말고 [카톡 1:1 상담]을 통해 문의하여 주세요. 카카오톡으로 편리하게 약사 선생님이 직접 답변하는 1:1 랜선 상담을 받으실 수 있습니다.

랜선 상담
바로가기

### ➕ 서비스3. 최신 정보 업데이트 유튜브 채널

최신 정보가 궁금하다면? 장무현 약사님이 운영하는 유튜브 채널 [약사 메디슨맨TV]를 구독해 보세요! 어떤 영양제가 좋은지, 영양제의 품질과 효과, 건강 관리에 관한 정보를 최신 연구 자료를 토대로 팩트만을 전달합니다.

유튜브 채널
바로가기

❗ 본 서비스는 출간 후 일정 기간 진행되는 이벤트로 참여율에 따라 조기 종료될 수 있습니다.

# 나만의 건강 습관 플래너 ( 12 월  4 째주 ) - 사용 예시

### • 섭취해야 할 영양제 리스트

| | |
|---|---|
| 아 침 | 비타민, 비타C |
| 점 심 | 식이 |
| 저 녁 | 오메가3 |
| 취침전 | 유산균,마그네슘 |

### • 달성해야 할 목표

| | |
|---|---|
| 단백질 | |
| 수 분 | |
| 과 일 / 야 채 / 생 선 | |

| | | 월 | 화 | 수 | 목 | 금 | 토 | 일 |
|---|---|---|---|---|---|---|---|---|
| **"영양제는 섭취 하셨나요?"** | 아침 | V | | V | V | | | |
| | 점심 | V | V | V | V | V | V | V |
| | 저녁 | V | V | V | V | V | | V |
| | 취침전 | V | V | V | V | V | | V |
| **"식사는 골고루 하셨나요?"** | 단백질 | V | | V | V | | V | V |
| | 과일 | V | V | | | V | | V |
| | 야채 | | V | | V | | V | V |
| | 생선 | V | | V | | | | |
| **건강 습관** | 물 마시기 | 7 잔 | 5 잔 | 5 잔 | 5 잔 | 1 잔 | 3 잔 | 5 잔 |
| | 기상 시간 | 07:00시 | 07:00시 | 06:00시 | 07:00시 | 07:00시 | 07:00시 | 07:00시 |
| | 취침 시간 | 12:00시 | 11:00시 | 11:00시 | 12:00시 | 12:00시 | 12:00시 | 12:00시 |
| | 컨디션 | 피곤 | 나쁨 | 좋음 | 나쁨 | 좋음 | 좋음 | 좋음 |
| | 운동 | | 요가 | 런닝 | 산책 | | 런닝 | 산책 |

### • 나에게 한마디

이번주는 목표 달성 성공!

**나만의 건강 습관 플래너 PDF 다운로드**

- 앞으로 혼자서도 꾸준히 건강 관리를 할 수 있도록 나만의 건강 습관 플래너를 선물합니다.

- 하단의 QR를 통해 PDF를 다운로드 받으세요! 스마트폰이나 태블릿에 저장하여 언제 어디서나 간편하게 나의 건강 습관을 체크할 수 있습니다.

# 나만의 건강 습관 플래너 (     월    째주 )

## • 섭취해야 할 영양제 리스트

아 침 

점 심 

저 녁 

취침전 

## • 달성해야 할 목표

단백질 

수 분 

과 일
야 채
생 선 

|  |  | 월 | 화 | 수 | 목 | 금 | 토 | 일 |
|---|---|---|---|---|---|---|---|---|
| **"영양제는 섭취 하셨나요?"** | 아침 |  |  |  |  |  |  |  |
|  | 점심 |  |  |  |  |  |  |  |
|  | 저녁 |  |  |  |  |  |  |  |
|  | 취침전 |  |  |  |  |  |  |  |
| **"식사는 골고루 하셨나요?"** | 단백질 |  |  |  |  |  |  |  |
|  | 과일 |  |  |  |  |  |  |  |
|  | 야채 |  |  |  |  |  |  |  |
|  | 생선 |  |  |  |  |  |  |  |
| **건강 습관** | 물 마시기 | 잔 | 잔 | 잔 | 잔 | 잔 | 잔 | 잔 |
|  | 기상 시간 | ： 시 | ： 시 | ： 시 | ： 시 | ： 시 | ： 시 | ： 시 |
|  | 취침 시간 | ： 시 | ： 시 | ： 시 | ： 시 | ： 시 | ： 시 | ： 시 |
|  | 컨디션 |  |  |  |  |  |  |  |
|  | 운동 |  |  |  |  |  |  |  |

## • 나에게 한마디

# 나만의 건강 습관 플래너 (    월    째주 )

• **섭취해야 할 영양제 리스트**

아 침

점 심

저 녁

취침전

• **달성해야 할 목표**

단백질

수 분

과 일
야 채
생 선

| | | 월 | 화 | 수 | 목 | 금 | 토 | 일 |
|---|---|---|---|---|---|---|---|---|
| **"영양제는 섭취 하셨나요?"** | 아침 | | | | | | | |
| | 점심 | | | | | | | |
| | 저녁 | | | | | | | |
| | 취침전 | | | | | | | |
| **"식사는 골고루 하셨나요?"** | 단백질 | | | | | | | |
| | 과일 | | | | | | | |
| | 야채 | | | | | | | |
| | 생선 | | | | | | | |
| **건강 습관** | 물 마시기 | 잔 | 잔 | 잔 | 잔 | 잔 | 잔 | 잔 |
| | 기상 시간 | : 시 | : 시 | : 시 | : 시 | : 시 | : 시 | : 시 |
| | 취침 시간 | : 시 | : 시 | : 시 | : 시 | : 시 | : 시 | : 시 |
| | 컨디션 | | | | | | | |
| | 운동 | | | | | | | |

• **나에게 한마디**

# 나만의 건강 습관 플래너 (      월      째주 )

• 섭취해야 할 영양제 리스트

아 침

점 심

저 녁

취침전

• 달성해야 할 목표

단백질

수 분

과 일
야 채
생 선

| | | 월 | 화 | 수 | 목 | 금 | 토 | 일 |
|---|---|---|---|---|---|---|---|---|
| "영양제는 섭취 하셨나요?" | 아침 | | | | | | | |
| | 점심 | | | | | | | |
| | 저녁 | | | | | | | |
| | 취침전 | | | | | | | |
| "식사는 골고루 하셨나요?" | 단백질 | | | | | | | |
| | 과일 | | | | | | | |
| | 야채 | | | | | | | |
| | 생선 | | | | | | | |
| 건강 습관 | 물 마시기 | 잔 | 잔 | 잔 | 잔 | 잔 | 잔 | 잔 |
| | 기상 시간 | : 시 | : 시 | : 시 | : 시 | : 시 | : 시 | : 시 |
| | 취침 시간 | : 시 | : 시 | : 시 | : 시 | : 시 | : 시 | : 시 |
| | 컨디션 | | | | | | | |
| | 운동 | | | | | | | |

• 나에게 한마디

# 당신은 영양제를 잘못 고르고 있습니다.

**1판 1쇄 발행** 2022년 4월 8일

**저　자** | 장무현
**발행인** | 김길수
**발행처** | 영진닷컴
**주　소** | (우)08507 서울특별시 금천구 가산디지털1로 128
　　　　　 STX-V타워 4층 401호
**등　록** | 2007. 4. 27. 제16-4189호

ⓒ 2022. (주)영진닷컴
ISBN | 978-89-314-6575-4
이 책에 실린 내용의 무단 전재 및 무단 복제를 금합니다.

http://www.youngjin.com

YoungJin.com Y.
영진닷컴